Kerstin Diacont

Grundschule
für Reiter

Grundschule
für Reiter

Kerstin Diacont

blv

BLV
Freizeit**REITEN**

Inhalt

Zum Thema

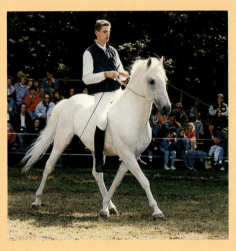

Wer gut und sicher reiten will, muss vielfältige Fähigkeiten erwerben. Er muss seinen eigenen Körper trainieren und ein Gefühl für die Bewegungen des Pferdes entwickeln. Und er muss das Pferd und dessen Reaktionen verstehen lernen. Vor allem aber muss er einen Weg finden, mit dem Pferd zu kommunizieren. Die Kommunikation (die Hilfengebung) sollte im Idealfall möglichst unsichtbar sein und wenig Krafteinsatz benötigen. Nur dann macht das Reiten Spaß.

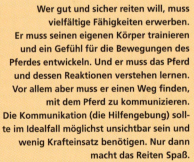

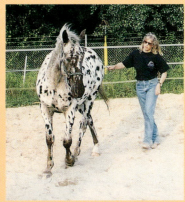

Bodenarbeit hilft, Angst abzubauen und die Beobachtungsgabe des Reiters zu schulen.

Die Grundlagen für gutes Reiten sind Balance und Gymnastik für Reiter und Pferd. Sie gelten in jeder Reitweise, im Gelände und in der Bahn gleichermaßen.

Praxis-Wissen

Kooperation und Kontrolle

Reiten soll Spaß machen. Das Pferd soll ein verlässlicher, kooperativer Freizeitpartner sein, der mit Ihnen durch dick und dünn geht. Damit Sie Spaß am Reiten haben können, brauchen Sie jedoch eine solide Grundausbildung.

Der Reitsport soll nicht auf Kosten des Pferdes gehen. Wo den Bedürfnissen des Pferdes nicht Rechnung getragen und es zu einem reinen Fortbewegungsmittel oder Sportgerät degradiert wird, hört der Spaß auf, und die Tierquälerei beginnt.

Reiten soll »sicher« sein. Durch den Erwerb von Fähigkeiten und Wissen rund ums Pferd erlangen Sie Kontrolle über das Pferd. Damit vermeiden Sie, dass Reiten lebensgefährlich wird.

> **! Forderung**
> Reiten soll harmonisch, pferdeschonend und sicher sein.

Mit diesen drei Grundforderungen ist alles umrissen, was der Reiter in der »Grundschule« lernen muss, um sich harmonisch, sicher, stressfrei und pferdeschonend auf dem Pferderücken fortzubewegen. Unterschätzen Sie aber die Tragweite und Vielschichtigkeit dieser Forderungen nicht. Gehen Sie davon aus, dass Sie Ihr ganzes Reiterleben damit zubringen können, immer noch etwas in einem der Bereiche dazuzulernen. Doch gerade die breite Palette an Fähigkeiten, die erlernt werden können, macht ja den Reitsport und die Beschäftigung mit dem Lebewesen Pferd so interessant.

Voller Einsatz – Gefordert sind Körper, Geist und Seele

Damit Sie das Pferd sicher und artgerecht beherrschen können, müssen Sie ganzheitlich an das Thema »Pferd und Reiten« herangehen und Zusammenhänge verstehen. *Der sportlich-körperliche Aspekt des Reitens,* in dem es darum geht, *Muskelgruppen zu trainieren,* die speziell beim Reiten beansprucht werden, sowie *Kondition* und die *Balance in der Bewegung* zu erlangen, ist nur ein kleiner Teil des Lernprogramms. Gleichzeitig müssen nämlich *Körper- und Bewegungsgefühl* entwickelt werden. Sie müssen sich des eigenen Körpers und seiner Reaktionen *bewusst* werden. Nur dann können Sie eine zu hohe Grundspannung im Körper auf Dauer vermeiden, sich den Bewegungen des Pferdes harmonisch anpassen und Ihre einzelnen Körperteile schließlich so *koordinieren*, dass Sie dem Pferd präzise Signale übermitteln können. Fehlende Balance und mangelndes Körpergefühl führen zu Verkrampfungen, Sitz- und Verständigungsproblemen und lösen die Angst vor dem Herunterfallen aus. Da das Pferd uns in Bezug auf Körperkraft und Reaktionsschnelligkeit deutlich überlegen ist, müssen Sie auch Ihre *Reflexe trainieren*, damit Sie durch eine unkontrollierte Bewegung des Pferdes nicht in Gleichgewichtsnöte kommen und um unerwünschte Aktionen des Pferdes im Ansatz zu unterbinden.

Gute Kommunikation braucht wenig Hilfsmittel.

Ein kleiner Einblick in die *anatomischen Gegebenheiten* sowohl beim Pferd als auch bei sich selbst hilft Ihnen beim Verständnis und beim Training bestimmter Bewegungsabläufe. Und er hilft Ihnen zu verstehen, warum ein Pferd in einer bestimmten *Haltung* geritten werden muss, wenn Sie ihm nicht auf Dauer schaden wollen.

Die Kommunikation mit dem Pferd

Richtige Kommunikation mit dem Pferd ist nur möglich, wenn Sie wissen, welche Art von Signalen das Pferd von Natur aus versteht und welche Sie ihm zusätzlich beibringen müssen. Das Erlernen rein *mechanischer körperlicher Signale (Hilfen),* mit denen Sie das Pferd steuern können, nützt Ihnen nichts, wenn Sie nicht wissen, warum ein Pferd auf diese Hilfen reagiert. Viele Reaktionen des Pferdes können Sie nicht verstehen, wenn Sie nicht wissen, wie ein Pferd »tickt«, wovor es z.B. artspezifisch Angst hat oder was es als angenehm empfindet. Das Pferd wird für Sie unberechenbar und damit manchmal »unlenkbar«, wenn Sie seine *Verhaltensgrundmuster* nicht verstehen. Daraus resultiert die Angst des Reiters vor dem Verlust der Kontrolle. Dass das

Gutes Reiten ist nie ein Kraftakt.

Pferd nicht so unberechenbar ist, wie es manchmal scheint, lernen Sie erst, wenn Sie einen kleinen *Einblick in seine Verhaltenspsychologie* gewonnen haben.

Emotionale Kontrolle

Wo wir gerade von Kontrollverlust geredet haben, noch ein Wort zur *emotionalen Kontrolle*: Neben der Angst sollte der Reiter auch die verwandten Emotionen wie Wut und Jähzorn in den Griff bekommen. Nur wenn Sie beim Umgang mit dem Pferd und im Sattel immer *beherrscht, konsequent und logisch*, d.h. folgerichtig handeln, haben Sie auf Dauer Erfolg. Ja – auch Logik gehört zu den wünschenswerten Fähigkeiten des Reiters, denn das Kommunikationssystem mit dem Pferd, die Hilfengebung, ist in sich logisch aufgebaut. Inkonsequenz, Ungerechtigkeit und Unbeherrschtheit setzen die Logik des Systems teilweise außer Kraft und verunsichern das Pferd.

Bewusstes Sehen – Entwicklung der Beobachtungsgabe

Last but not least gehört noch eine gute Beobachtungsgabe zum guten Reiten. Auch das »bewusste Sehen« können Sie lernen und verbessern. Beobachten Sie möglichst viele gute Reiter im Training (aber Achtung: Nicht jeder langjährige, so genannte erfahrene Reiter ist ein guter Reiter; das gilt auch für Turnierreiter). Bewusstes Sehen versetzt Sie in die Lage, gutes, harmonisches Reiten von schlechtem, disharmonischem zu unterscheiden. Reiten lernt man zwar nicht allein vom Zuschauen, aber es kann sehr hilfreich sein, wenn man sich die »richtigen« Dinge abschaut und nicht erst auf Irrwege gerät.

Lernen Sie auch, Ihre eigenen *Fähigkeiten realistisch einzuschätzen*. Suchen Sie die Ursache eines »Fehlers« immer zuerst bei sich selbst

! Zum Thema Angst

Die Hauptängste des Reiters verringern:

Angst vor dem Fallen und Angst vor Kontrollverlust.

und dann erst beim Pferd. Überspitzt muss es sogar heißen: Das Pferd kann keine Fehler machen, weil es gar nicht weiß, was ein Fehler ist. Es weiß allerhöchstens, was es darf und was es nicht darf, wenn es gut erzogen ist. Und es lernt in seiner eigenen Grundausbildung, auf Signale des Reiters in einer bestimmten Weise zu reagieren. Reagiert es nicht wunschgemäß, dann haben Sie ihm nicht deutlich genug oder nicht richtig gezeigt, was Sie wollen. Oder es hatte keine ordentliche Grundausbildung (und dafür kann es nichts).

Beschäftigen Sie sich also mit allen Teilaspekten des Pferdesportes so ausführlich wie möglich. Das kostet Zeit und Schweiß und manchmal auch Nerven. Doch es zahlt sich aus, denn je mehr Sie wissen und können, desto besser sind Ihre Kommunikation mit dem Pferd und Ihre Kontrolle über das Pferd. Trainieren Sie sich und das Pferd in einer der Anatomie von beiden angemessenen Weise, dann entsteht echte Harmonie, und *Sie reiten Ihr Pferd schön und bequem, ohne unnötigen Kraftaufwand.* Gutes Reiten ist nie Kraftakt sondern immer gute Koordination plus »Kopfarbeit« des Reiters. Es gibt den schönen Satz: Mathematik ist die Kunst, das Rechnen zu vermeiden (will sagen: Wer das System verstanden hat und richtig anwenden kann, spart sich durch logisch aufgebaute Formeln das mühsame Zu-Fuß-Ausrechnen einzelner Teilergebnisse). Auf den Reitsport übertragen könnte es heißen: *(Gutes) Reiten ist die Kunst, Kraft durch Koordination und Köpfchen zu ersetzen.*

Notwendige Fähigkeiten des Reiters

Körperliches Training

Muskeln trainieren · Kondition erlangen · Balance finden · Bewegungsgefühl entwickeln · unnötige Spannungen vermeiden · Koordinationsfähigkeit verbessern · Kraft dosiert und kontrolliert einsetzen · Reflexe und schnelle Reaktion trainieren

Wissen erwerben

Grundkenntnisse in menschlicher und »pferdischer« Anatomie und Bewegungslehre erwerben · Kenntnisse in Psychologie und Verhalten des Pferdes erwerben · Logik innerhalb des Kommunikationssystems zwischen Reiter und Pferd verstehen

Emotionale und geistige Fähigkeiten verbessern

Bewusst »sehen lernen« · logisch und überlegt handeln · Ängste bewusst machen · Ungeduld zügeln · Angst und Wut kontrollieren · eigene Fähigkeiten realistisch einschätzen · Fehler bei sich selbst suchen, nicht beim Pferd · fair und gerecht handeln · konsequent sein

Aller Anfang ist schwer

Für den interessierten Anfänger in Sachen Reitsport stellen sich zwei Hauptprobleme. **Das Angebot an Reitweisen, Reitbetrieben, Reitlehrern und Ausbildungsmethoden ist unübersichtlich und hinsichtlich der Qualität selbst von einem erfahrenen Reiter nicht so ohne weiteres einzuschätzen.**

Umso mehr Schwierigkeiten hat der unerfahrene Reiter. Viele sogenannte »Reitmethoden« unterscheiden sich nur in Kleinigkeiten voneinander. In bestimmten Reitstilen, wie z.B. in der Westernreitweise, werden die Pferde hinsichtlich eines anderen »Verwendungszweckes« als in der englischen Reitweise ausgebildet – die Grundausbildung weist dabei aber viele Gemeinsamkeiten auf. Wo allerdings die Reitweise vom Typ des Pferdes abhängt, und das Eingehen auf spezielle Gegebenheiten erfordert (z.B. bei Gangpferden), gibt es tatsächliche Unterschiede, die sich jedoch nur auf die »Spezialitäten« der jeweiligen Pferde beziehen.

Balance und Gymnastik als Grundlage solider Ausbildung

Alle Reitweisen, Reitstile und Reitmethoden basieren jedoch auf dem gleichen Grundprinzip, was da heißt: *Balance und Gymnastik für Reiter und Pferd.*

Der Reitanfänger muss sich auf dem Pferd ausbalancieren und ein dynamisches Gleichgewicht in allen Gangarten erreichen. Das unerfahrene Pferd muss sich unter dem Reitergewicht neu ausbalancieren und lernen, den Reiter ohne Verkrampfungen zu tragen. Sowohl der Reiter als auch das Pferd müssen beweglich werden und einseitige Steifheiten beseitigen. Reiter und Pferd sind »Sportler«, die trainieren bzw. trainiert werden müssen, um einen gewissen Leistungsstand zu erreichen – und kontinuierlich weitertrainieren sollten, um sich zu verbessern.

Die beiden Begriffe Balance und Gymnastik müssen in jedem ernst zu nehmenden Ausbildungsbetrieb an erster Stelle stehen. Das

! Grundprinzip

Alle Reitweisen basieren auf dem Grundprinzip von Balance und Gymnastik für Reiter und Pferd.

bedeutet für den Reiter: **Sitzübungen auf dem Pferd** an der Longe, bis alle Gangarten des Pferdes ohne Verkrampfung und ohne Muskelkater »gesessen« werden können. Auch, wenn sich das der eine oder andere nicht so schwierig vorgestellt hat, und lieber von einem wilden Galopp im Gelände träumt – so beginnt das Reitenlernen: mühsam und mit nur kleinen Fortschritten. Jeder Reitbetrieb, der Ihnen etwas anderes verspricht, ist mit Vorsicht zu genießen.

Das Gleiche gilt für das Pferd. *Jedes Lehrpferd muss eine gymnastizierende Grundausbildung durchlaufen haben,* die es erst in die Lage versetzt, einen Reiter halbwegs bequem und ausbalanciert zu tragen. Wo solche Pferde nicht zur Verfügung stehen, können Sie als Reiter auch nichts Vernünftiges lernen, denn auf einem steifen, unausbalancierten Pferd kann keiner sitzen lernen, ganz zu schweigen von der richtigen Hilfengebung.

Alle Reitweisen basieren auf dem Grundprinzip von Balance und Gymnastik.

Werfen Sie noch einen Blick auf die *Haltungsbedingungen* und den gesundheitlichen Zustand der Pferde: Licht, Luft und freier Auslauf sollten auch für Schulpferde keine

Fremdwörter sein.

Und wenn Sie beim Unterricht zuschauen, achten Sie darauf, wie auf *Fragen der Reitschüler* eingegangen wird. Werden sie mit Floskeln wie »das ist eben so« abgespeist, dann suchen Sie sich einen anderen Ausbildungsstall, denn hier können Sie keine Zusammenhänge lernen.

Mit dem zweiten Problem befinden wir uns schon mitten in der Grundausbildung des Reiters. Man könnte es folgendermaßen formulieren:

**Pferde brauchen
Licht, Luft
und Auslauf.**

**Der noch nicht fortgeschrittene Reiter weiß
nicht, wo es idealerweise hingeht.**

Das bedeutet: Als Anfänger arbeiten Sie blind
auf ein Ziel hin – Harmonie mit dem Pferd –,
welches Sie gefühlsmäßig noch nicht erfassen
können. Sie können einfach noch nicht wissen,
wie sich das anfühlt, wenn eine »Hilfe durch-
kommt«, d.h. wenn Sie Signale nur noch andeu-
ten müssen, und das Pferd darauf reagiert. Sie
haben noch keine Ahnung, wie es sich anfühlen
muss, wenn ein Pferd »den Rücken loslässt« und
dann für Sie als Reiter in seiner bequemsten Form zu sitzen und zu kontrollieren ist.
Und das Hauptproblem: Ein wirklich fein abgestimmtes lockeres Pferd, welches sensibel auf Reitersignale reagiert, können Sie als Anfänger gar nicht reiten, denn Sie wür-
den es durch Ihre groben Hilfen verwirren. Ein Reiter im Anfangsstadium muss zwar
ein Pferd mit solider Basisausbildung reiten. Doch das Pferd muss auch gutmütig sein,
sodass es eine falsche oder grobe Hilfe nicht übel nimmt. Diese Gutmütigkeit geht
natürlich immer mit einer gewissen Abgestumpftheit einher, sodass das Pferd auch

einem richtig gegebenen Signal
des Reiters nicht immer sofort und
in gewünschter Weise folgt. Zum
reinen »Sitzenlernen« ist jedoch
ein solches Pferd geeignet, weil es
den noch nicht gefestigten Reiter
nicht durch unkontrollierte »Sei-
tensprünge« aus dem noch wackli-
gen Gleichgewicht bringt. Wichtig

ist, dass der Reitlehrer sieht, wann er einen Anfänger auf ein sensibler reagierendes Pferd setzen kann, sodass der Reiter ein Gefühl für den effektiven Einsatz seines eigenen Gewichtes über verschiedene Sitzpositionen und für richtige Hilfenkoordination (das berühmte Zusammenspiel der Hilfen) bekommt. Nur dieses Gefühl für ein Signal zur rechten Zeit an der richtigen Stelle führt zu einer Reduzierung des Kraftaufwandes beim Reiten, zu einer Minimierung der Signale (Hilfen) und schließlich zur Harmonie zwischen Reiter und Pferd. Dass das nicht von heute auf morgen geht, sondern meist Jahre dauert, sollte dabei nicht verwundern.

Konzepte zur Orientierung

Um Ihnen ein paar Bewertungskriterien für die Wahl (oder den Wechsel) Ihres Ausbildungsbetriebes sowie für die eigene reiterliche Entwicklung an die Hand zu geben, will ich einige Basiskonzepte vorstellen, die einen Anhaltspunkt für sinnvolle Ausbildung in jeder Reitweise geben können.

Logik: Reiten und der Umgang mit Pferden gehören zu einem in sich »logisch« aufgebauten System. Verschiedene Reitweisen variieren das System in einigen Teilen. Variationen sind jedoch nur möglich, wo es sich nicht um tragende Grundpfeiler des Systems handelt. Die beiden Grundpfeiler der Logik im Pferdesport sind:

Ähnlich: die Haltung des freien und des gut gerittenen Pferdes.

● Das natürliche Verhalten und die Anatomie eines Pferdes verstehen und nicht gegen naturgegebene Beschränkungen verstoßen.

● Das Kommunikationssystem zwischen Mensch und Pferd (die Hilfengebung) folgerichtig und artgerecht (dem Pferd verständlich) aufbauen, d.h. fortschreitend von einfachen (natürlichen) zu komplizierteren (antrainierten) Signalen.

Man kann sich das so vorstellen, dass der Mensch als Reitschüler zuerst die Pferdesprache lernt, indem er sich mit dem Verhalten und der Psyche von Pferden auseinander setzt. Gleichzeitig beschäftigt er sich mit der Anatomie, den Fortbewegungsarten (den Gangarten und der daraus resultierenden Rückenbewegung des Pferdes), indem er die Balance auf dem sich bewegenden Pferderücken sucht. Und schließlich findet er heraus, wie er dem Pferd einfache Signale durch kontrollierten Einsatz seines eigenen Körpers geben kann.

Alles ist erklärbar

Wo auf Erklärung der Grundlagen verzichtet wird, können Sie sich als Reitschüler kein Bild der Zusammenhänge machen. Sie wissen nicht, warum ein Pferd auf ein Signal von Ihnen reagiert oder auch nicht. Das Pferd bleibt für Sie unberechenbar.

Jede Anweisung, die ein Ausbilder Ihnen gibt, muss er logisch begründen können, wenn Sie ihn danach fragen. Einem guten Ausbilder können Sie »Löcher in den Bauch« fragen. Er wird Ihnen die Zusammenhänge erklären. Es kann allerdings gut sein, dass Ihnen

Der Verzicht auf Zwangsmittel zeugt von einer guten Kommunikation.

nicht alles von Anfang an klar wird. Doch das Thema Pferd ist ein komplexes System, welches nicht sofort in einem Stück erfassbar ist. Sie dürfen und müssen deswegen mehrfach nachfragen.

Nur ein Grundkonzept für alle Reitweisen

Auch wenn mich die »militanten« Verfechter der einen oder anderen Reitweise jetzt steinigen werden: Es gibt nur ein einziges, anatomisch und psychologisch richtiges Grundkonzept beim Reiten. Es ist die Grundlage für jedes artgerechte und damit pferdeschonende Reiten. Ob das in der »Hohen Schule« gipfelt, der Reining des Westernpferdes oder im Wanderreiten. Die Basis ist die Gleiche, und nur die Übungen für fortgeschrittene Pferde und Reiter werden hinsichtlich des Zieles der Ausbildung modifiziert. Ein Profi-Westerntrainer hat das einmal bezüglich des westerntypischen Hilfensystems schön ausgedrückt: Es kommt nicht erst »Western« und dann »Reiten« sondern, umgekehrt: erst »Reiten« und dann »Western«. Das Reiten an sich, das Grundkonzept, muss zuerst erlernt werden, und dann erst kommt die westerntypische Hilfengebung »obendrauf«.

Immer der Reihe nach

Versuchen Sie nicht, Ihre Ausbildung auf die falsche Weise zu beschleunigen. Wenn Sie im Trab noch nicht ausbalanciert sitzen können, brauchen Sie nicht mit dem Galopp zu liebäugeln. Wenn Sie Ihre einzelnen Körperteile nicht gezielt und mit dosiertem Krafteinsatz bewegen können, brauchen Sie sich nicht zu wundern, wenn das Pferd nicht in gewünschter Weise reagiert. Beginnen Sie immer mit Übungen im Schritt, um sich selbst und Ihre einzelnen Glieder zu koordi-

Bis zu einer solchen Vorführung braucht es lange Zeit.

nieren, denn im Schritt brauchen Sie keine Konzentration auf das schlichte Sitzenbleiben im Sattel zu verwenden und haben den Kopf für die Hilfenkoordination über Gewichtseinsatz, Zügel und Schenkel frei. Erst wenn Hilfen auch im Trab koordiniert gegeben werden können, ist der Galopp an der Reihe. Der Trugschluss, dass nur ein richtiger Reiter ist, wer möglichst bald auch galoppieren kann, rächt sich mit einem im Galopp verkrampft sitzenden und deswegen »absturzgefährdeten«

Sicherheit und Minimierung der Signale durch gute Grundausbildung.

Reiter. Deswegen: Überstürzen Sie nichts und fordern Sie nicht mehr, als Sie leisten können. Reiten braucht nun mal Zeit, Geduld und ein wenig Selbsterkenntnis und -disziplin.

Gurus – nein danke

Es gibt immer wieder Ausbilder, die gerade »in Mode« sind und deswegen in aller Munde. Bei diesen angesagten »Reit-Gurus« handelt es sich manchmal um hervorragende Leute, manchmal aber auch nur um »Schwätzer« mit nicht fundierten Wundermethoden, die sich gut verkaufen können. Als noch wenig fortgeschrittener Reiter haben Sie von beiden nichts. Vom Schwätzer nicht, weil er Ihnen keine solide Basis vermittelt, und von dem guten Ausbilder nicht, weil Sie bei einem hoch qualifizierten Unterricht für fortgeschrittene Pferde und Reiter noch nicht viel für sich selbst »mitnehmen« können, wenn die Grundlagen noch nicht sitzen.

Die Fähigkeiten des Reiters

Zum besseren Verständnis sind die Fähigkeiten nachfolgend in sechs Bereiche (siehe Kasten unten) getrennt, tatsächlich greifen sie jedoch ineinander. Für die Grundschule sind die Punkte eins bis vier relevant.

Wissen erwerben und sehen lernen

Die körperlichen Fähigkeiten und Beschränkungen des Pferdes kennen lernen.

Anatomie: die Schwachstellen des Reitpferdes

Das Pferd ist von Natur aus nicht mit einer besonders tragfähigen »Rückenkonstruktion« ausgestattet. Die Wirbelsäule des Pferdes hängt mehr oder weniger frei – nur durch Muskeln und Bänder gestützt – zwischen dem Widerrist und der Hüfte. Auf diese »hängende Brücke« aus einzelnen Wirbeln wirken Sie nun mit Ihrem Gewicht senkrecht von oben ein, wenn Sie auf dem Pferd sitzen. Je weniger Stützmuskulatur das Pferd aufgebaut hat, desto eher hängt sein Rücken nun unter der zusätzlichen Belastung durch das Reitergewicht nach unten durch. Im schlimmsten Fall können die Dornfortsätze der Wirbel aneinander reiben, weil sie durch die Belastung oben zusammen und unten auseinander gedrückt werden. Das Pferd hat Rückenschmerzen, verspannt sich und lässt Sie deswegen schlecht sitzen.

Dem kann man entgegen wirken indem man die Stützmuskulatur des Pferdes aufbaut, sodass sie das Durchhängen des

6 Schritte zum Lernerfolg

1 Wissen erwerben und sehen lernen.

2 Balance in der Bewegung und Gefühl entwickeln / Sitzen lernen.

3 Logisch denken und überlegt handeln.

4 Angst reduzieren und vermeiden.

5 Basislektionen umsetzen und üben.

6 Reflektieren und aufschreiben.

Rückens verhindert. *Die maßgebliche Muskulatur kann nur aufgebaut werden, wenn die Oberlinie des Pferdes (der Rücken und der Hals bis zum Genick) gedehnt wird.* Man sagt dann: *Das Pferd geht über den Rücken.* Das ist nur möglich, wenn die Hinterbeine aktiv und weit unter den Schwerpunkt des Pferdes treten und wenn es die Nase senkt.

Grob skizziert bilden dann Rücken- und Halslinie des Pferdes einen gleichmäßig nach oben gewölbten (»ungebrochenen«) Bogen. Dieser verhindert, dass die Wirbelsäule durchhängt. Man nennt diesen Bogen auch *»Spannungsbogen«.* Er wird durch treibende und verhaltende Hilfen des Reiters erzeugt und erhalten. Durch Vortreiben bringt er die Hinterhand zum energischen Vortreten (wenn sie das nicht von allein tut), und durch Verhalten am Zügel begrenzt er den Bogen vorn. Je mehr der Reiter hinten treibt und vorn begrenzt, je mehr das Pferd auf diese Weise Gewicht mit den Hinterbeinen aufnimmt und die Vorderbeine entlastet, desto stärker wölbt sich der Span-

Das versammelte Pferd mit korrektem Spannungsbogen.

nungsbogen. Diese stärkere Wölbung ist jedoch erst zu erzielen, wenn die Hinterhand des Pferdes durch Training stärker geworden ist und den größeren Teil des Gewichtes von Reiter plus Pferd aufnehmen kann. Man verbessert die Tragkraft der Hinterhand und nennt die ganze Prozedur »Versammlung«.

Es gibt noch einen weiteren *anatomischen Schwachpunkt* des Reitpferdes, und das sind die *Vorderbeine.* Sie sind anfälliger gegen Überlastungsschäden durch das Gewicht des Reiters als die Hinterbeine. Sie sind grundsätzlich »ungefedert«, denn alle Gelenke der Vorderbeine liegen fast senkrecht übereinander. Die Gelenke der Hinterbeine dagegen (Hüfte, Knie und Sprunggelenk) stehen winkelig zueinander und können stärker

**Die Hinterhand aktivieren
und das Pferd gerade richten.**

abgewinkelt werden (Hankenbiegung) und erzeugen mit den Muskeln der Hinterhand zusammen eine Federwirkung, eine Art »Schnellkraft«. Dazu muss jedoch die Muskulatur des Pferdes richtig durch den Reiter trainiert werden. Durch das Gewicht des Reiters, der näher an der Vorhand des Pferdes sitzt, weil dort der »wirbelsäulentechnisch« beste Platz dafür ist, wird nun die Vorhand, die nur eine Stütz- und keine Tragefunktion hat, zu stark belastet. Damit Schäden an Sehnen und Gelenken des Pferdes vermieden werden, muss die Hinterhand dazu gebracht werden, die Vorhand von dem »Zuviel« an Gewicht zu entlasten und mehr zu tragen. Das Pferd wird auf die Hinterhand »gesetzt«.

Zusätzlich muss es durch gymnastische Übungen dazu gebracht werden, *beide Hinterbeine gleichmäßig zu belasten*, d.h. mit beiden Hinterbeinen gleich viel Gewicht aufzunehmen. Nur dann kann es überhaupt geradeaus gehen. Nun – geradeaus reiten kann ja wohl nicht so schwer sein, denken Sie jetzt. Doch es ist schwer! Das *Geraderichten* gehört zwar zur Grundausbildung des Pferdes, doch Sie können Ihr Pferd paradoxerweise nur gerade richten, wenn Sie es vorher biegen können. Das Pferd hat von Natur aus eine schlechtere, d.h. steifere Seite und damit ein Hinterbein, welches sich der Belastung gerne entziehen will, wie auch der Mensch Rechts- oder Linkshänder ist und deswegen auf einer Seite etwas steifer

und unkoordinierter. Auf der steifen Seite »drückt« sich das Hinterbein vor dem Winkeln, dem Untertreten und damit vor dem Tragen – das Pferd geht aus diesem Grund leicht schief. Nur über wechselseitige Längsbiegung des Pferdes können Sie gezielt

!

Versammlung

Versammlung entlastet die Schwachpunkte des Pferdes und dient der Bequemlichkeit des Reiters.

auf jeweils ein Hinterbein gymnastizierend einwirken, um dieses spezielle Hinterbein dazu zu bringen, Gewicht aufzunehmen.

Geraderichten und Versammlung sind zur Schonung des Pferdes nötig. Für den Reiter haben sie den angenehmen Nebeneffekt, dass das gerade gerichtete und versammelte Pferd bequemer zu sitzen und leichter zu lenken ist.

Psychologie: das Pferd verstehen

Wie verhält sich ein Pferd in seiner natürlichen Umgebung, und was bedeutet das für artgerechtes Reiten und sichere Kontrolle des Pferdes?

Das Pferd ist ein Herdentier. Die Herde bietet ihm *Sicherheit und soziale Kontakte.* Im Gegenzug muß sich jedes Herdenmitglied den Gesetzen der Herde unterwerfen. Eine *Rangordnung,* an deren Spitze die Stärksten und Klügsten stehen, sichert das Überleben der schwächeren und jungen Tiere. Die ranghohen Tiere bestimmen, wann und wohin die Herde sich bewegt, wann Flucht angesagt ist und wann gefressen werden darf. Ein ranghohes Tier genießt sowohl den *Respekt* als auch das *Vertrauen* der nachrangigen.

Die Regeln in der Herde können Sie als Reiter nutzen, um Ihr Pferd zu erziehen und zu kontrollieren (schon bevor Sie drauf sitzen und auch später beim Reiten). Sie müssen nur dem Pferd klarmachen, dass Sie der Ranghöhere (das »Alphatier«) sind. Dazu müssen Sie das typische Verhalten eines ranghohen Pferdes imitieren. In der Herde gelten gewisse Ausweichregeln, die Sie sich zunutze machen können, um eine ranghohe Position aus Sicht Ihres Pferdes zu erreichen. Die drei wichtigsten Regeln sind:

1. Regel: Ranghohe Tiere können jedes rangniedere Tier von seinem Platz vertreiben, auch von Futterplätzen und Wasserstellen. Rangniedere Tiere müssen ausweichen. Können Sie das Pferd dazu bringen, Ihnen auszuweichen, haben Sie die erste Runde im »Rangordnungsspiel«

! Ausbildung

Die Grundausbildung des Reitpferdes dient der Schadensbegrenzung. Durch Biegung werden die Tragkraft der Hinterbeine entwickelt und Rückenmuskulatur aufgebaut. Das Pferd wird gerade gerichtet, sodass es beide Hinterbeine gleichmäßig belastet.

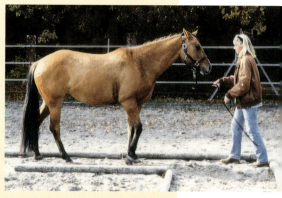

gewonnen. Können Sie dazu noch die genaue Richtung bestimmen, in die das Pferd ausweicht, sowie nur die Vorhand oder nur die Hinterhand des Pferdes einzeln steuern, dann haben Sie Ihr Pferd grundsätzlich unter Kontrolle.

2. Regel: Rangniedere Tiere dürfen ranghohe nicht überholen, wenn die Herde sich bewegt – damit ist sichergestellt, dass die Richtung von denen bestimmt wird, die die meiste Erfahrung haben. Diese Regel gilt in der Mensch-Pferd-Beziehung vor allem beim Führen des Pferdes: Es darf nicht an Ihnen vorbeidrängeln.

Bodenarbeit: rückwärts dirigieren.

3. Regel: Ranghohe Pferde können rangniedere von hinten treiben und deren Bewegungsrichtung steuern. Sie können ein Pferd also auch von hinten führen. Bei

der Bodenarbeit und an der Longe oder vom Sattel aus, denn mit Ihrer Position im Sattel imitieren Sie die treibende Position des Leithengstes schräg von hinten. Können Sie das Pferd durch Ausweichübungen dirigieren, dann hat es sowohl Respekt vor Ihnen als auch Vertrauen zu Ihnen, denn Respekt und Vertrauen gehören in der Pferdepsychologie untrennbar zusammen. Dem Ranghöheren gebührt Respekt, und im Gegenzug bieten er und die Herde Schutz. Erst, wenn das Pferd dem Menschen *Respekt und Vertrauen* entgegenbringt, kann der Mensch

Von hinten führen.

Sie können das freie Pferd lenken, wenn es Sie als ranghöher akzeptiert hat.

es kontrollieren und sich sicher auf seinem Rücken bewegen.

Das Pferd ist ein Fluchttier

Das Pferd ist als Pflanzenfresser zudem ein *Fluchttier*. Fluchtgrund sind normalerweise Raubtiere, deren Annäherung rechtzeitig bemerkt werden muss, will das Pferd ihnen entkommen. Aus diesem Grund können die Ohren gedreht werden, um Geräusche aus allen Richtungen zu orten, die Augen stehen seitlich am Kopf, sodass das Pferd einen Winkel von fast 360° überblicken kann (nur direkt hinter sich und direkt vor sich sieht es nichts). Fluchtbereitschaft gehört zum Alltag einer Pferdeherde. Und auch das domestizierte Pferd hat den *Fluchtreflex* nicht verloren. Der Fluchtreflex, der sich unter dem Reiter im Scheuen oder Durchgehen äußert, kann einen noch unsicheren Reiter ganz schön in Schwierigkeiten bringen. Hat der Reiter jedoch das Vertrauen des Pferdes in der Arbeit am Boden (mit dem Ausweichtraining) gewonnen, so lässt sich das Pferd meist von ihm beruhigen. Spezielle Gewöhnungsprogramme zur *Angstbewältigung* (s. S. 59 ff.) können das Vertrauen des Pferdes in den Menschen noch steigern.

Das Pferd ist ein Bewegungstier

Als Fluchttier und als wandernder Pflanzenfresser ist das Pferd von Natur aus *dauernd in Bewegung*.

Wichtig

Respekt und Vertrauen gehören untrennbar zusammen.

Besonders junge Pferde entwickeln meist so viel Bewegungsdrang, dass sie auch spielerisch bockend und Haken schlagend durch die Landschaft galoppieren. Das ist sowohl Training für den Ernstfall als auch ein Ausdruck der Lebensfreude und Gesundheit. Damit sind wir bei einer Besonderheit der Art Pferd, dem *Spiel* – einem Verhalten, das nicht direkt der Nahrungsbeschaffung, der Sicherheit oder der Arterhaltung dient, also grundsätzlich zweckfrei ist. *Das Pferd ist also ein Bewegungstier mit ausgeprägtem Spieltrieb.* Für die Haltung des Pferdes ergibt sich daraus die Forderung nach luftigen Ställen, Gesellschaft mit Artgenossen und freiem Auslauf oder Weidegang, zumindest stundenweise. Mit einer solchen artgerechten Haltung vermeiden Sie Verhaltensstörungen und »explosive« Reaktionen des Pferdes unter dem Reiter aufgrund aufgestauter Bewegungsenergie: Lassen Sie das Pferd sich ohne Sie austoben – das gestaltet das Reiten deutlich entspannter und angstfreier. Ein artgerecht gehaltenes Pferd bewegt sich ausreichend, und Sie müssen es nicht unbedingt jeden Tag reiten, einen »Boxenhäftling« jedoch schon.

Bewegung und soziale Kontakte sind wichtig für das Wohlbefinden des Pferdes.

Die besondere Beweglichkeit des Pferdes bedingt eine schnelle Reaktion und rasche Auffassungsgabe. Es ist von Natur aus neugierig und wird, wenn man ihm nur genug Zeit gibt, auch Angst einflößende Dinge erkunden. *Neugier und Lernbereitschaft* machen das Pferd zu einem idealen Partner in der Zusammenarbeit mit dem Menschen. Ohne diese Eigenschaften wäre eine Ausbildung des Pferdes zum »Sportpartner« nicht möglich.

Schnelle Beweglichkeit führt jedoch auch zu schnellen Reflexen des Pferdes. Und diese bringen so manchen Reiter in Schwierigkeiten, wenn das Pferd einen erschreckten Satz macht oder auskeilt. Reflexe sind normalerweise Instinkt gesteuerte, natürliche

Pferde sind von Natur aus neugierig.

Reaktionen des Pferdes. Sie können dem Pferd jedoch auch antrainiert werden. Jede »Hilfe«, die dem Pferd unter dem Reiter beigebracht wurde, ist in gewissem Sinn ein *antrainierter Reflex*, vor allem, wenn sie im Zuge der Ausbildung hinsichtlich Dauer und Intensität zu einem »Kürzel« minimiert wird (der so genannten Feinabstimmung oder auch Minimierung der Hilfen).

Sympathie zwischen Pferd und Reiter ist wichtig.

Pferde sind neugierige Individualisten

Eine weitere Besonderheit der Art Pferd ist die starke Ausprägung von *Individualität* innerhalb der art- und rassetypischen Merkmale. Pferde unterschiedlichen Typs rea-

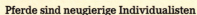

gieren unterschiedlich stark auf Reize und lernen unterschiedlich schnell. Pferde bilden Gewohnheiten und Eigenheiten aus, entwickeln Vorlieben, Freundschaften und Abneigungen – die sowohl andere Pferde als auch Menschen betreffen. Daraus ergibt sich auch die Notwendigkeit, dass sich Pferd und Reiter sympathisch sein sollten. Passen Pferd und Reiter nicht zueinander, machen sie sich gegenseitig das Leben und das Lernen schwer.

Pferde beanspruchen keine Territorien wie z.B. ein Wolfsrudel. Dafür ist ihr Bedürfnis nach Ungebundenheit extrem stark. Fluchtinstinkt, Bewegungsdrang, Individualität und Neugier sind sicher in starkem Maße für diesen *Unabhängigkeitstrieb* verantwortlich. Auf eine Einschränkung ihrer Beweglichkeit durch Anbinden, Einsperren oder Fesseln reagieren – unausgebildete – Pferde oft mit extremer Angst. Auch hier greifen in einer Art Sicherheits- und

Hilfen

Hilfen sind antrainierte Reflexe. Sie können zu einem »Kürzel« minimiert werden.

Abstumpfungstraining die Ausbildungsmethoden zu Vertrauensaufbau und Angstbewältigung an.

Bodenarbeit: Testen Sie Ihre Körpersprache

Aus den Ausweichregeln der Herdengesetze ergeben sich bestimmte *Verhal-
tensregeln,* die das Pferd Ihnen als Ranghöherem gegenüber einzuhalten hat.

1. Es darf beim Führen nicht an Ihnen vorbeidrängeln.

2. Es darf Sie nicht anrempeln oder Ihnen auf den Fuß treten.

**3. Es muss Ihnen ausweichen (auch in eine bestimmte Richtung, die
Sie vorgeben).**

Aus diesen drei Grundsatzforderungen ergeben sich einige Übungen, die Sie
auch als Anfänger am Boden mit dem Pferd durchführen können, um die
Reaktionen des Pferdes auf Ihre eigenen körpersprachlichen Signale zu
testen. Diese »Hilfen am Boden« sind ein Vorgeschmack auf die Hilfen, die
Sie später auf dem Pferderücken erlernen. Nur haben Sie dabei noch keine
Balanceprobleme und können sich auf festem Boden bewegen. Sie können
ausprobieren, wie das Pferd reagiert und ob Ihre Signale stimmen. Das
Pferd ist bei diesen Übungen nur mit einem Halfter plus langem Strick ausgestattet.

Haltung bewahren

Achten Sie bei Ihren Signalen am Boden auf eine straffe, aufrechte Haltung und auf
zielgerichtete, deutliche Bewegungen. Verwenden Sie eine Gerte oder ein Seilende,
das Sie wie einen Propeller kreisen lassen, um Ihren Bewegungen mehr Nachdruck
zu verleihen. Sie können mit der Gerte dem Pferd vor der Nase herumwedeln oder
die Gerte auch quer mit leicht nach vorn ausgestreckten Armen halten.

»Zielen« Sie mit Ihren Fußspitzen auf den Körperteil des Pferdes, der Ihnen ausweich-
chen soll. Lassen Sie Kopf und Schultern nicht hängen und schauen Sie dorthin,

Das aufmerksame Pferd imitiert den Menschen, wenn die Signale stimmen.

wohin Ihre Füße zeigen. Bewegen Sie sich nicht zögernd, sondern entschlossen und energisch. Andernfalls betrachtet das Pferd Ihre Bewegung als »freundliche Annäherung« und nicht als ernst gemeintes Signal, »möglichst plötzlich zu verschwinden«, weil es sonst nämlich Ärger gibt.

Volle Aufmerksamkeit sichern

Das Pferd soll Sie bei den Übungen am Boden immer anschauen. Tut es das nicht und interessiert sich mehr für die Umgebung als für Sie, haben Sie keine Chance auf eine Reaktion. Um das Pferd auf Ihre Signale aufmerksam zu machen, arbeiten Sie mit Störaktionen. Rucken Sie so lange am Halfter, bis das Pferd sich bequemt, Sie anzuschauen. Da kann es ruhig einmal härter zur Sache gehen, denn mit dem Halfter können Sie dem Pferd nicht wehtun. Sie können es nur »nerven«.

Die Grundübungen

Führen: Achten Sie darauf, dass das Pferd nicht an Ihnen vorbeidrängelt und Sie mitzieht. Arbeiten Sie mit diversen Störaktionen, um das Pferd hinter Ihnen (mit der Nase in Ihrer Schulterhöhe) zu halten. Rucken Sie am Halfter, benutzen Sie Ihren Ellbogen oder die Gerte, um das Pferd damit vor die Brust zu knuffen oder ihm einen Klaps zu versetzen. Wedeln Sie dem Pferd mit der Gerte oder dem »Seilpropeller« vor der Nase herum. (Achtung: Kopf und Genick des Pferdes sind für Gertenschläge tabu.) Das Pferd soll stehen bleiben, wenn Sie stehen bleiben, antreten, wenn Sie loslaufen, und später auch rückwärts ausweichen, wenn Sie rückwärts gehen. Mit jeweils zusätzlich gegebenen verbalen Hilfen können Sie das Pferd vorwarnen.

Keine Rempeleien: Können Sie das Pferd »anständig« führen, wird es Sie normalerweise auch nicht anrempeln oder Ihnen auf den Fuß treten. Tut es das doch, dann machen Sie ihm »mit Zähnen und Klauen« klar, dass das ein grober Verstoß gegen Ihre Autorität war.

Gerichtetes Ausweichen: Sind die ersten beiden Punkte geklärt, dann können Sie mit Ausweichübungen beginnen.

Fangen Sie damit an, das freie Pferd einfach nur von seinem Platz zu vertreiben. Achten Sie dabei darauf, nicht zu dicht an das Pferd heranzukommen, damit es Sie nicht mit einem möglichen ungnädigen Huftritt erwischt. Nehmen Sie bei Bedarf eine längere Peitsche und machen Sie das Pferd schon von weitem auf sich und Ihre Absichten aufmerksam. Bei dieser ersten Übung geht es nur um die Demonstration Ihrer

Gerichtetes
Ausweichen –
oben: rückwärts;
unten:
**Die Vorhand
weicht aus.**

ranghohen Position. In welche Richtung das Pferd »verschwindet« ist unwichtig. Hauptsache, es weicht Ihnen aus. An diese Grundübung schließen sich die zielgerichteten *Ausweichübungen* an:

Das Pferd soll

a) nur mit der Hinterhand ausweichen,
b) nur mit der Vorhand ausweichen,
c) mit Vorhand und Hinterhand ausweichen
d) oder rückwärts ausweichen.

Üben Sie a bis c immer auf beiden Seiten. Sie bekommen damit schon ein Gefühl dafür, auf welcher Seite das Pferd steifer ist, und auch, auf

welcher Seite Sie selbst Ihren eigenen Körper schlechter einsetzen. Machen Sie diese ersten Übungen auf jeden Fall unter Anleitung.

a) Stellen Sie sich schräg vor die Schulter des Pferdes mit Blickrichtung auf das Ihnen zugewandte Hinterbein. Gehen Sie schnell auf dieses Hinterbein zu und schwingen dabei Gerte oder Seilende. Das Pferd soll **mit der Hinterhand seitlich ausweichen**; die Vorhand soll auf der Stelle mitdrehen, denn das Pferd soll seine Aufmerksamkeit bei Ihnen lassen, Sie also weiterhin anschauen. Das Pferd führt prinzipiell eine Vorhandwendung aus.

b) Wollen Sie das Pferd dazu bringen, **mit der Vorhand auszuweichen** (eine Hinterhandwendung auszuführen), stellen Sie sich in etwa 1,5 Meter Abstand schräg hinter seine Schulter und gehen dann auf das Ihnen zugewandte Vorderbein zu, wieder unterstützt durch Seilende oder Gerte. Diese Übung ist sehr viel schwerer als die erste, denn Sie müssen erstens sehr genau Ihre relative Position zum Pferd einhalten und zweitens unter Umständen schnell laufen, um der sich seitwärts im Kreis um die Hinterhand bewegenden Vorhand zu folgen.

c) Eine **Seitwärtsbewegung mit Vor- und Hinterhand** des Pferdes initiieren Sie, indem Sie eine Position zwischen Schulter und Hinterhand des Pferdes einnehmen.

Deutliche Körpersprache: Richtungswechsel an der Longe. Der ausgestreckte Arm zeigt dem Pferd die neue Richtung.

Je nachdem, ob Sie weiter vorn oder weiter hinten stehen, weicht eher die Vorhand oder eher die Hinterhand des Pferdes aus. Von der reinen Seitwärtsbewegung bis zum Schenkelweichen oder Schulterherein des Pferdes sind dabei alle Varianten möglich.

d) Wenn das Pferd Ihnen **rückwärts ausweichen** soll, gehen Sie aus etwa 2 Meter Entfernung gerade auf seinen Kopf zu. Halten Sie die Gerte quer, wie eine Barriere, vor sich oder wedeln Sie damit vor seiner Nase herum. Es sollte sich in gerader Linie nach hinten von Ihnen wegbewegen. Achten Sie darauf, Ihre Schultern nicht aus Ihrer beabsichtigten Bewegungsrichtung zu verdrehen. Ein sensibel und gut reagierendes Pferd wird sonst auf jeden Fall schief rückwärts gehen, weil es sich in seiner Längsachse quer zu Ihrer Schulterlinie einrichten wird.

Alle vier Lektionen können Sie mit gutmütigen Pferden auch in einer Variante üben, bei der Sie näher am Pferd arbeiten. Pieken Sie das Pferd mit zwei oder drei Fingern einer Hand oder dem Knauf der Gerte in die Seite oder in die Brust, um eine Ausweichreaktion zu bekommen.

Koordinationsübungen am Boden in verschiedenen Rückwärts-vorwärts-seitwärts-Kombinationen können sich anschließen und dienen der *Feinsteuerung* sowie dem vermehrten Vertrauensaufbau zwischen Reiter und Pferd (vor allem, wenn es sich um für das Pferd angstbesetzte Übungen handelt). Für die »Grundschule der Pferdesteuerung am Boden« reichen jedoch die einfachen Ausweichübungen, die Ihnen das Gefühl geben,

**Richtungs-
wechsel nach
innen mit dem
freien Pferd
im Roundpen.**

»Herr der Lage« zu sein und Ihr Pferd grundsätzlich kontrollieren zu können.

Haben Sie einen hoch geschlossenen Longierzir-
kel oder *Roundpen* zur Verfügung, dann können
Sie auch am frei laufenden Pferd Ihre »Kontroll-
mechanismen« ausprobieren. Stoppen oder verlangsamen Sie das Pferd, indem Sie ihm in den
Weg treten oder die Gerte in den Weg halten. Beschleunigen Sie es, indem Sie schräg
hinter seiner Hinterhand mit Peitsche oder Seilende treiben.

Ideal ist es, wenn Sie mit einem in der Bodenarbeit geschulten, d.h. sensibel reagierenden Pferd üben können, denn dann ist ganz klar: Wenn Sie die richtigen Signale
geben, reagiert das Pferd auch richtig. Sie können damit die Deutlichkeit Ihre Körpersprache, Ihre eigene Wirkung auf das Pferd, überprüfen.

Präzises Beobachten

Über die Bodenarbeit sowie das präzise Beobachten verschiedener Reiter-Pferd-Paare
können Sie auch Ihr *Auge schulen* und lernen, harmonische, lockere Bewegungen von
gespannten und blockierten zu unterscheiden. Besonders der *»ungebrochene Spannungsbogen«* des Pferdes (siehe Seite 20) gibt Ihnen Auskunft über die Qualität der
Bewegungen eines Pferdes an der
Longe oder unter dem Reiter – und
damit einen Anhaltspunkt für harmonisches oder weniger harmonisches Reiten.

Überall dort, wo Brüche im Spannungsbogen auftreten, ist etwas
faul. Ein hochgerissener Kopf und
Hals des Pferdes spannen den Bogen

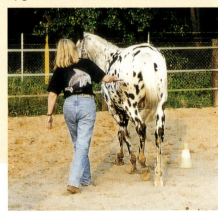

**Eine Wendung
von hinten führen.**

in die falsche Richtung – das Pferd drückt den Rücken nach unten weg statt ihn nach oben zu wölben. Eine »Stirnlinie« des Pferdes stark hinter der Senkrechten (ein falscher Knick in der Halswirbelsäule) unterbricht den Bogen vor seinem Ende am Genick des Pferdes. Eine nachschleppende Hinterhand unterbricht die Spannung im Bereich der Lendenwirbel. Das Erzwingen des richtigen Spannungsbogens allein durch verschiedene Hilfszügel führt in den wenigsten Fällen zum Erfolg. Je nach Ausbildungsstand des Pferdes ist der Spannungsbogen flacher (beim jungen Pferd) oder stärker gewölbt (beim versammelten Pferd).

Das zweite Kriterium für gutes Reiten ist immer der Takt. Schritt im deutlichen Viertakt, Trab mit diagonaler Fußfolge im regelmäßigen Zweitakt und klarer Dreitakt im Galopp sind Gradmesser für eine Ausbildung, die die natürliche Eleganz des Pferdes fördert. Und ein drittes Kriterium ist das Rückwärtsrichten. Gelingt ein Rückwärtsrichten mit minimalen Signalen, mit freier lockerer Vorhand und untergesetzter Hinterhand (mit intaktem Spannungsbogen des Pferdes), dann ist das ein Zeichen für Gehorsam und richtige Ausbildung.

Balance in der Bewegung

Gutes Reiten ist idealerweise pferdeschonend und reiterschonend gleichermaßen. Das Pferd soll durch Ausbildung in die Lage versetzt werden, den Reiter ohne Schaden für die eigene Gesundheit zu tragen. Der Reiter soll durch Ausbildung in die Lage versetzt werden, das Pferd mit minimalem Kraftaufwand zu reiten.

Balance ist der Schlüssel zu gutem Reiten

Die Bedeutung des Gleichgewichts beim Reiten ist immens. Erstens muss sich das Pferd mit dem zusätzlichen Gewicht des Reiters neu ausbalancieren. Zweitens muss

**Dehnungsgymnastik:
Das Genick ist
der höchste Punkt,
der Spannungsbogen ist o.k.
Die linke Seite
des Pferdes ist
in dieser
Traversale
nach rechts
stark gedehnt.**

Reiten im Gleichgewicht ist nicht anstrengend.

der Reiter sein Gleichgewicht auf einem sich rhythmisch bewegenden »Untergrund« finden, und zwar immer wieder, für jede Übung und jede Gangart neu, angepasst an besondere Erfordernisse, wie z.B. Wendungen, Sprünge oder Seitengänge. Das erfordert Übung, Gefühl und Reaktionsschnelligkeit. Dass ein unausbalanciertes, junges Pferd kein geeignetes Lehrpferd für einen unausbalancierten Anfänger ist, sollte sich von selbst erklären, denn beide bringen sich buchstäblich gegenseitig aus der Balance.

Als unerfahrener Reiter müssen Sie zuerst lernen, Ihr eigenes Gleichgewicht den Bewegungen des Pferdes anzupassen. Sie müssen *im Gleichgewicht sitzen lernen,* ohne sich mit Händen oder Knien festzuhalten. Im Zuge der weiteren Ausbildung lernen Sie dann, wie Sie den Gleichgewichtssitz bewusst verändern, um damit das Gleichgewicht des Pferdes zu beeinflussen. Sie lernen die *Gewichtshilfen.* Jede Hilfengebung basiert im Grundsatz auf Hilfen durch Gewichtsverlagerung. Erst später kommen neue Hilfen und Hilfenkombinationen dazu, die eine Feinabstimmung des Reiter-Pferd-Paares ermöglichen – zur besseren Gymnastizierung des Pferdes und für ein bequemeres, Kraft sparendes Reiten.

! Gleichgewicht

Gut reiten heißt vor allem: im Gleichgewicht sitzen können und den Gleichgewichtssitz gezielt verändern können.

Die Gleichgewichtstheorie

1. Das Pferd ist bestrebt, seinen Schwerpunkt unter den des Reiters zu bringen, um selbst mit dem zusätzlichen Gewicht des Reiters das Gleichgewicht nicht zu verlieren.

2. Der Reiter kann aus diesem Grund durch gezielte Verlagerung seines Gleichgewichtes das Pferd im Groben beschleunigen, verlangsamen und seitlich dirigieren.

Nimmt der Reiter den Oberkörper aus der Hüfte leicht vor die senkrechte Normalposition, so verlagert er damit seinen Schwerpunkt nach vorn; das Pferd folgt durch Verlagerung des eigenen Schwerpunktes nach vorn – d.h., es tritt an oder beschleunigt.

Macht der Reiter sich im Sattel schwer und verlegt seinen Schwerpunkt nach hinten, so folgt das Pferd wieder. Das kann es nur, indem es mit den Hinterbeinen mehr untertritt und damit mehr Gewicht des gesamten Reiter-Pferd-Paares in der Hinterhand aufnimmt. Das Pferd wird dadurch langsamer. Oder es hält sogar an, wenn Sie abrupt sehr viel Gewicht in den Sattel bringen und damit die Rückenbewegung des Pferdes »blockieren«. Das fortgeschrittene Pferd können Sie schließlich von hinten nach vorne »zusammenschieben«, indem Sie Ihren Schwerpunkt nach hinten verlagern, dabei die Hinterbeine nach vorn treiben und am Zügel die Bewegung nach vorn begrenzen. Damit versammeln Sie das Pferd.

Verlagern Sie Ihr Gewicht bei ansonsten geradem Oberkörper auf eine Seite, so folgt das unverdorbene Pferd durch Abwenden in diese Richtung. Sie müssen dabei Ihren Gesäßknochen in Richtung der Gewichtsverlagerung stärker als den anderen spüren – dürfen also nicht in der Hüfte einknicken oder den Kopf seitlich schief legen, weil sonst Ihr Gewicht auf die entgegengesetzte Seite des Pferdes kommt. Bei fein auf die Hilfen eingestellten Pferden reicht eine Kopfdrehung des Reiters in Richtung einer beabsichtigten Wendung, um dem Pferd die Wendung zu signalisieren, denn diese bringt Ihr Gewicht schon genug auf Ihren inneren Gesäßknochen.

Einhändig geführte Rechtswendung: Kopfdrehung der Reiterin und der stärker ausgetretene rechte Bügel reichen dafür.

3. Eine zu lange oder unangemessen starke Verlagerung des Gleichgewichtes kann dazu führen, dass sich das Pferd gegen die Gewichtshilfen des Reiters stemmt und Gegendruck aufbaut. Vermeiden Sie also ein starkes seitliches Herüberlehnen, ein Zurückwerfen des Oberkörpers weit hinter die senkrechte Normalposition und vor allem ein ständiges Schiefsitzen.

Richtig sitzen im Gleichgewicht

Sie sitzen im Gleichgewicht, wenn Sie (in den verschiedenen Gangarten) möglichst ruhig und anstrengungsfrei sitzen. Richtig sitzen bedeutet vor allem zweckmäßig und effektiv sitzen – gemeint ist eine Sitzposition, aus der heraus Sie am besten die Rückenbewegungen des Pferdes über Ihre eigene Wirbelsäule abfedern und selbst am beweglichsten agieren können, um dem Pferd Signale über Gewichtsverlagerung, Zügel und Schenkeldruck zu geben.

Versuchen Sie immer, mit der *geringstmöglichen Grundspannung* im Körper zu sitzen, wenn Sie nichts Spezielles von Ihrem Pferd verlangen. Je mehr Spannung Sie aufbauen, bevor Sie überhaupt etwas vom Pferd wollen, umso weniger Kraft und Energie haben Sie nachher für die eigentliche Hilfengebung übrig.

Es gibt keine Unterschiede in den verschiedenen Reitweisen hinsichtlich der effektivsten Sitzposition. Es ist immer die, bei der *möglichst alle Teile des Reiterkörpers senkrecht übereinander* gelagert sind, sodass eine Federwirkung über die S-Form der Wirbelsäule und über die Gelenke des Reiters entstehen kann und die Position von

Gerade sitzen, wenn Sie geradeaus reiten wollen.

Armen und Beinen in jede mögliche Richtung schnell variiert werden kann. Je nach Körperbau des Reiters und auch des Pferdes sind jedoch geringfügige Modifikationen möglich oder nötig. Auch verschiedene Sättel setzen den Reiter in eine bestimmte Position, die dem Ziel der Ausbildung angemessen ist.

Der korrekte Normalsitz

Konzentrieren Sie sich auf Ihre Gesäßknochen. Sie sollten beide gleich stark spüren. Stellen Sie sich vor, Ihr Kopf wächst nach oben aus den Schulterblättern heraus. Lassen Sie ihn also nicht hängen und legen Sie ihn nicht schief zur Seite. Lassen Sie die Schultern locker nach unten (nicht nach vorn!) fallen. Drücken Sie nicht eine herunter oder ziehen eine hoch, denn damit sitzen Sie schief und bekommen auf einen Gesäßknochen mehr Gewicht. Die Oberarme hängen locker aus den Schultern herunter. Die Hände tragen Sie gleich hoch nebeneinander vor sich her – als ob Sie in jeder ein Ei auf einem Löffel oder ein Glas mit Wasser balancieren wollten (übrigens beides eine gute Übung). Wenn Sie den Ellbogen abwinkeln, brauchen Sie eine minimale Anspannung des Bizeps – so viel, als wollten Sie ein paar Blatt Papier vor sich her tragen. Vermeiden Sie einen Knick nach außen oder innen im Handgelenk. Auch das bedeutet schon eine unnötig hohe Grundspannung in der Muskulatur. Ein Verdrehen des Armes an einer beliebigen Stelle oder in einem beliebigen Gelenk setzt sich bis in die Schultern fort – und wirkt sich von dort aus wieder auf die freie Beweglichkeit der Wirbelsäule aus. Machen Sie eine Zügelfaust, bei der der Daumen oben ein kleines Dach bildet. Das erfordert die geringste Anstrengung. Zu viel Grundspannung im Körper (egal, von wo sie ausgeht) führt zu einem instabilen, weil nicht schmiegsamen Sitz, in der Folge zu einer unruhigen Handhaltung und deswegen zu einer unkoordinierten Zügelführung.

Der korrekte Sitz

Bauen Sie keine überflüssige Grundspannung auf.

Sitzen Sie senkrecht.

Stellen Sie sich vor, nach oben zu wachsen, während an Ihren Fersen Gewichte nach unten ziehen.

Locker sitzen und keine unnötige Grundspannung aufbauen.

Was den unteren Teil des Reiterkörpers betrifft – *Beine und Füße* –, so gilt auch hier: keine unnötige Grundspannung aufbauen. Lassen Sie die Beine aus dem Oberschenkel heraus möglichst locker hängen und drehen Sie sie dabei aus dem Hüftgelenk leicht nach innen. Damit verhindern Sie schon »weit oben«, dass Fußspitzen und Knie nach außen zeigen. Hüfte und Fußgelenk sollten dabei in einer Senkrechten liegen. Stellen Sie sich vor, an Ihren Fersen hängen Gewichte und ziehen sie herunter. Heben Sie aus dieser Position die Fußspitzen leicht an, so dass Sie eine leichte Spannung in die Wade bekommen. Blockieren Sie jedoch die Federwirkung in Ihrem Fussgelenk nicht, indem Sie die Spitzen mit aller Gewalt anheben. Damit Sie den Steigbügel nicht verlieren, brauchen Sie etwas Spiel im Fußgelenk – sowohl nach oben als auch nach unten.

Versuchen Sie möglichst nie, sich mit den Beinen (besonders mit den Knien) am Pferd festzuhalten. Durch die bei diesem *»Klammern«* zu hohe Spannung in beiden Oberschenkeln hebeln Sie sich regelrecht nach oben aus dem Gleichgewichtssitz heraus.

Wegfedern: Noch ein Wort zur Federwirkung Ihrer Wirbelsäule: Die natürliche S-Form hat eine Mittelposition und zwei »Endstellungen«. Die Mittelposition nimmt sie ein, wenn des Reiter in Normalsitz auf dem stehenden Pferd sitzt. Sobald das Pferd sich bewegt, schwingt die S-Form von einer Endstellung über die Mittelposition in die andere Endstellung und wieder zurück. Die erste Endstellung ist die Position, in der Sie mit einem leichten Hohlkreuz sitzen, die andere die, bei der das Wirbelsäulen-S im Lendenbereich fast gerade ist. Diese beiden Stellungen werden über die Stellung des Beckens erreicht. In der Hohlkreuzstellung kippen Sie den Beckenkamm leicht nach vorn und machen einen »Entenarsch«. In der geraden Stellung kippen Sie den Beckenkamm nach hinten; Ihre unteren Rippen nähern sich leicht den Beckenknochen, Ihre Bauchmuskeln spannen sich dabei leicht an. Verharren Sie in dieser geraden Stellung, dann blockieren Sie die Rückenbewegung des Pferdes.

Sitzen Sie nun beständig mit einem krummen Buckel oder mit einem Hohlkreuz, dann hängt Ihre Wirbelsäule in jeweils einer Endstellung fest, und die Federwirkung ist dahin. Sie werden von der Rückenbewegung des Pferdes »geworfen«. Sie müssen sich also aufrichten und trotzdem locker bleiben, damit die Wirbelsäule frei zwischen den verschiedenen Positionen hin und her federn kann und damit Sie geschmeidig und ruhig sitzen. Ohne diesen von der Bewegung des Pferdes »abgekoppelten« Sitz, den so genannten unabhängigen Sitz, können Sie keine präzisen Hilfen geben.

Passives Sitzen lernen

Der lockere Gleichgewichtssitz kann nur passiv durch Einfühlen in die Bewegung des Pferdes erlernt werden. Die aktive Einflussnahme durch die Sitzposition und die Hilfen auf die Bewegungen des Pferdes kommt erst danach – im zweiten Schritt.

Um das *dynamische Gleichgewicht* in den verschiedenen Gangarten zu erreichen, können Sie sich zum einen mit »Gedankenbildern« helfen und zum anderen mit *bewusster Konzentration auf Spannungen bzw. Spannungsfreiheit* in

> **!**
>
> ## Der Sitz
>
> **Ohne einen von den Bewegungen des Pferdes unabhängigen Sitz können Sie keine präzisen Hilfen geben.**

Ihrem Körper. Letzteres funktioniert besonders gut mit geschlossenen Augen bei Sitzübungen an der Longe, bei denen Sie sich um nichts als Ihren Sitz kümmern müssen. Eine bewusste Sensibilisierung auf Spannungen und die Qualität und Weichheit von Bewegungen durch Übungen in der Feldenkrais-Methode ist dabei sehr hilfreich. Drittens ist *Funktionsgymnastik* auf dem Pferd in allen Gangarten ein Hilfsmittel, auf das Sie – einem guten Sitz und koordinierten Bewegungen zuliebe – nicht verzichten sollten. Armkreisen, Rumpfbeugen – mit linker Hand an rechten Fuß und rechter Hand an linken Fuß –, Füße hinter den Sattel legen, um das Bein zu strecken, und vieles mehr sind keine Schikane, sondern verhelfen zu einem ausbalancierten und sicheren Sitz.

Oben: Im Schritt fällt das Sitzen leicht. Rechts: Hilfen z.B. für das Schulterherein können im Schritt gut ausprobiert werden.

Der Sitz in den einzelnen Gangarten
Körpergefühl im Schritt entwickeln
Der Schritt stellt für Reiter und Pferd die geringste Schwierigkeit dar. Das Pferd hat immer drei seiner Beine auf dem Boden, der Reiter wird nicht »geworfen«. Das Pferd hat keine Angst, sein Gleichgewicht zu verlieren, denn nur ein Bein befindet sich jeweils nicht in Stützposition. Sie als Reiter haben keine Probleme und können sich voll auf Ihr Körpergefühl konzentrieren – können erfahren, dass Sie sich erhaben und sicher fühlen, wenn Sie sich stolz aufrichten, und

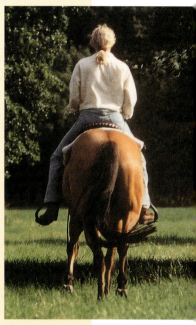

dass Sie sich klein und unsicher vorkommen, wenn Sie zusammen-
gesunken wie ein Häuflein Elend auf dem Pferderücken hocken.
Ihr Körpergefühl teilt sich dem Pferd über Ihre Haltung deutlich
mit. Ist das Gefühl der »Erhabenheit« im Schritt entwickelt, so fällt
es Ihnen in den anderen Gangarten, bei denen der aufrechte Sitz
noch notwendiger wird, leichter, es wiederzufinden.

Durch die schreitende Viertaktbewegung des Schritts nähert der
Bauch des Pferdes sich von allein abwechselnd rechts und links
Ihrem locker anliegenden Unterschenkel. Im Schritt treibt der Reiter also wechselseitig – mit am Gurt liegenden Schenkeln (man
sagt: Das Pferd holt sich seine treibenden Hilfen für den Schritt von
selbst). Versuchen Sie nicht, mit Ihrem Oberköper Schwung zu
holen und damit den Schritt herauszutreiben.

Schwebender Trab

Im Trab kommt neben der Vorwärtsbewegung eine deutliches
Abfedern des Pferdes nach oben hinzu, die Schwebephase. Sie werden »geworfen« – je mehr Schwung das Pferd entwickelt, umso stärker. Diese
schwungvolle Bewegung nach vorn-oben fangen Sie allein durch die S-Form Ihrer
Wirbelsäule ab. Sie können sie keinesfalls durch Klemmen mit den Oberschenkeln
ausgleichen. Stellen Sie sich vor, Ihre Beine sind extrem schwer und ziehen nach
unten. Ihr Kopf wächst nach oben aus den Schultern heraus – ohne dass die Schultern dabei angehoben werden. Die Oberarme hängen aus der Schulter senkrecht herunter. Ihre Schulter selbst ist ohne Spannung; das krampfhafte »Brust raus« mit
Zurücknehmen der Schulterblätter ist ein falsches Relikt aus militärischem Drill,
denn es versteift Ihren Nacken, Ihre Schultern und damit auch die Arme. Vermeiden
Sie aber auch einen »Katzenbuckel« mit nach vorn fallenden Schulten und eingezoge-
nem Kinn. Bei beiden Haltungen wird der obere Teil der Wirbelsäule blockiert.

Locker sitzen
im Trab –
den Schwung
fängt die
S-Form der
Wirbelsäule
des Reiters ab.

Marscherleichterung: Im Trab haben Sie zwei Möglichkeiten, die Stöße des Pferderückens auf Ihre Wirbelsäule abzumildern und damit Ihren eigenen Rücken und den des Pferdes zu schonen: Es sind diese das Leichttraben und der leichte Sitz. Beim

Leichttraben berührt Ihr Gesäß nur bei jedem zweiten Trabtakt den Sattel. Im leichten Sitz kommt es überhaupt nicht in den Sattel. Federn Sie stattdessen über Knie, Oberschenkel und Fußgelenk die Bewegungen des Pferderückens ab. Stabilisieren Sie dabei Ihren Oberkörper durch einen leichten »Entenarsch«, ein minimales Hohlkreuz. (Achtung: Dieses leichte Hohlkreuz ist nur im leichten Sitz und beim Leichttraben erlaubt!)

Leicht traben – innen und außen: Stehen Sie beim Leichttraben nicht aktiv auf, sondern lassen Sie sich von der Aufwärtsbewegung des Pferderückens hochwerfen. Dabei knicken Sie den Oberkörper ganz leicht in den Hüftgelenken nach vorn ab, sodass ein kleiner Teil Ihres Gewichtes auf den Oberschenkeln ruht. Im flotteren Trab können Sie etwas mehr nach vorn abknicken. Knie und Hüftgelenke dienen als Drehpunkte. Der Oberkörper bleibt zwischen Schultern und Hüften in sich gerade und leicht vorwärts orientiert.

Beim nachfolgenden Trabtakt setzen Sie sich wieder hin. Lehnen Sie sich dabei auf keinen Fall zurück. Versuchen Sie auch nicht, eine völlig aufrechte Position zu erreichen, wie Sie sie im ausgesessenen Trab haben. Dabei können Sie nämlich leicht »hinter die Bewegung« geraten und dem Pferd mit einem Plumps in den Rücken fallen. Lassen Sie stattdessen Ihr Gewicht leicht auf den Oberschenkeln und berühren Sie mit den Gesäßknochen nur kurz den Sattel, bevor Sie sich wieder hochwerfen lassen.

Vorwärtstendenz im Leichttraben. Der Oberkörper knickt aus der Hüfte leicht nach vorn ab.

42

Der Reiter trabt auf dem äußeren Hinterfuß leicht. Außen ist die gedehnte Seite des Pferdes, innen ist die hohle Seite des Pferdes, nach der es gestellt und gebogen ist (siehe Seite 49 ff.). Wenn Sie auf dem äußeren Hinterfuß leicht traben, bedeutet das: Sie stehen auf, wenn die äußere Schulter des Pferdes nach vorn geht und setzen sich, wenn die innere Schulter nach vorn geht. Da der Trab ein diagonaler Zweitakt ist (inneres Hinterbein tritt gleichzeitig mit äußerem Vorderbein vor, äußeres Hinterbein gleichzeitig mit innerem Vorderbein), belasten Sie also dann den Rücken des Pferdes, wenn das äußere Hinterbein vortritt. Dadurch muss das äußere Hinterbein etwas mehr tragen, das innere kann freier vortreten. Das erlaubt eine bessere Biegung des Pferdes nach innen, weil es den inneren Fuß besser unter seinen Schwerpunkt setzen kann.

Leichter Sitz im Trab: Zwischen dem leichten Sitz und dem Leichttraben bestehen nur geringe Unterschiede. Ticken Sie im flotteren Leichttraben beim Einsitzen den Sattel mit dem Gesäß nur noch kurz an, so bleiben Sie im leichten Sitz mehr auf dem Oberschenkel und balancieren sich gleichmäßig über das Dreieck Hüftgelenk, Kniegelenk und Fußgelenk aus. Ihr Gesäß kommt nicht mehr direkt in den Sattel. Ihr Gewicht ruht zum größten Teil auf dem Oberschenkel und nur zum geringeren Teil im Bügel. Stehen Sie auf keinen Fall mit durchgedrücktem (geradem) Knie im Bügel, denn in dieser Haltung haben Sie keinerlei Stabilität.

Das Knie ist der Hauptangelpunkt für die Balance im leichten Sitz. Es sollte nicht verrutschen. Das verhindert der Knieschluss durch Anspannen der inneren Oberschenkelmuskeln (Adduktoren). Der leichte Sitz ist die Ausnahme von der Regel, was die Spannung in den Adduktoren angeht.

Zum Antraben und zur Verstärkung des Tempos im Trab treiben Sie mit beiden Schenkeln gleichzeitig. Drücken Sie dazu beide Unterschenkel leicht an den Bauch

Bei Verstärkungen im Trab sind aufrechter Oberkörper und Beweglichkeit der Wirbelsäule besonders wichtig.

des Pferdes (kurz hinter dem Sattelgurt). Reagiert es nicht, so wiederholen Sie die Bewegung mehrmals kurz hintereinander und helfen eventuell mit Gerte oder Stimme nach.

»Rollen« Sie in den Galopp

Der Galopp verlangt eine andere Grundbewegung von Ihnen. Er besteht aus einer Aneinanderreihung von einzelnen Sprüngen. Je nach Versammlungsgrad beschreibt der Pferderücken einen flachen, weiten oder einen hohen, kurzen Bogen. Lassen Sie Hüfte und Becken eine nach vorn kreisende Bewegung ausführen, um diese Bewegung des Pferderückens nachzuempfinden. Es ergibt sich ein *rollendes Bewegungsbild:* Die Hüfte wird bei jedem Galoppsprung vorgeschoben und mit einer Kippbewegung im Becken verbunden (= unterer Beckenbereich nach vorn, oberer Beckenkamm nach hinten). Der Oberkörper bleibt aufrecht. Bei jedem neuen Galoppsprung nähern sich Ihre Rippen den Hüftknochen; dazu spannen Sie Bauchmuskeln, Hüft-Lenden-Muskulatur und Gesäßmuskeln an. Rollen Sie also bei jedem neuen Galoppsprung das Becken nach vorn-oben in Richtung der unteren Rippenbögen und entspannen dann die Muskeln wieder. Sinken Sie beim Entspannen tief in das Pferd ein und rollen Sie den nächsten Galoppsprung wieder mit Hüfte und Becken nach vorn auf. Wichtig ist, dass die Bewegung von unten nach oben gerollt wird. Also nicht von oben aus dem Oberkörper zusammensacken – auch dann nähern sich zwar die Rippen der Hüfte, doch würde diese Bewegung den Pferderücken blockieren, also zum Anhalten oder Verlangsamen führen, statt den Galopp zu unterstützen.

Leichter Sitz im Galopp: Der leichte Sitz im Galopp unterscheidet sich nur durch den veränderten Bewegungsrhythmus von dem des Trabes. Sie balancieren sich wie im Trab über Knie, Fußgelenk, Hüftgelenk und das Hohlkreuz aus. Doch wird die Galoppbewegung auch im leichten Sitz mit der sanft rollenden Bewegung des Beckens und der Hüfte von unten nach oben unterstützt. Lenden- und Bauchmuskel steuern dabei die Intensität des Hohlkreuzes. Rollt das Becken nach oben, verschwindet das Hohlkreuz, und erscheint wieder, wenn die Rollbewegung zu Ende ist.

Rechts und links – der diagonale Sitz

Wir unterscheiden Rechts- und Linksgalopp über die Fußfolge des Pferdes. Auf der rechten Hand (d.h rechtsherum in der Reitbahn) sollte das Pferd Rechtsgalopp gehen, auf der linken Hand (linksherum) Linksgalopp. Der Rechtsgalopp beginnt mit dem Vorgreifen des linken Hinterbeines; dann folgen rechtes Hinterbein und linkes Vorderbein und zum Schluss das rechte Vorderbein. Dieses rechte Vorderbein führt optisch, d.h., der Reiter sieht es weiter vorgreifen als das linke. (Linksgalopp entsprechend rechts hinten, dann links hinten und rechts vorn, dann links vorn = führendes Bein.) Sitz und auch Hilfengebung unterscheiden sich deswegen auf der rechten und auf der linken Hand.

Sitz und Hilfen für den Rechtsgalopp: Der Reiter treibt mit dem inneren (rechten) Schenkel am Gurt und mit dem linken (äußeren) Schenkel hinter dem Gurt (etwa eine Handbreit). Durch diese asymmetrische Schenkellage schiebt er automatisch die rechte (innere) Hüfte ganz leicht vor und empfindet damit den im Grunde asymmetri-

Keine Unterschiede beim Sitz in den verschiedenen Reitweisen: Galopp mit einem western (links) und einem englisch (oben) gerittenen Pferd.

45

schen Galoppsprung nach. (Denken Sie sich einen »Rösselsprung«, so wie Kinder ein galoppierendes Pferd nachahmen. Ein Bein führt, das andere wird nachgezogen – so ähnlich sitzen Sie zum Angaloppieren auf dem Pferd, nämlich leicht diagonal mit der inneren Hüfte etwas weiter vorn als mit der äußeren.) Koppeln Sie nun noch die Bewegung Ihrer inneren Schulter an die der inneren Hüfte, dann verhindern Sie ein Zurückziehen am Zügel – Sie gehen dann automatisch mit der inneren Hand vor, wenn das Pferd die zusätzliche Freiheit im Hals braucht, um sauber nach vorn durchspringen zu können, d.h. den klaren Dreitakt nicht zu verlieren.

Für den Linksgalopp sieht die Hilfendiagonale entgegengesetzt aus: rechter Schenkel hinter dem Gurt, linker am Gurt, linker Zügel gibt nach, rechter Zügel kontrolliert (siehe Zügeleinwirkung).

Der Oberkörper des Reiters bleibt beim Angaloppieren in der klassischen Reitweise völlig senkrecht. Manche Vertreter anderer Reitweisen hingegen gehen mit dem Oberkörper ganz leicht in Bewegungsrichtung vor. Dem liegt zugrunde, dass das Pferd der Gewichtsverlagerung des Reiters nach vorn – in den Galopp hinein – folgen soll.

Diese Methode hat den Nachteil, dass das Pferd den Galopp mit sehr starkem Vorwärtsschub beginnt – es kann dabei leicht schnell werden, wenn es noch nicht gut ausbalanciert ist. Bleibt der Oberkörper gerade, so springt das Pferd mehr aufwärts im Galopp an, denn es passt seinen Schwerpunkt dem des Reiters an, der ja in der aufrechten Position etwas weiter hinten liegt als in der leicht nach vorn geneigten. Der erste Galoppsprung ist in diesem Fall von Anfang an etwas kürzer und versammelter.

Rechts:
Die Sitz- und Hilfendiagonale sieht in der Traversale (hier nach links) ähnlich aus wie im Galopp: innere Hüfte und Schulter vor, innerer Schenkel am Gurt, äußerer Schenkel hinter dem Gurt. Der innere Zügel stellt das Pferd und wird danach »arbeitslos«.

Logisch denken und überlegt handeln

Hilfensysteme und Hilfenkombinationen

Sind auch die anatomischen Voraussetzungen und der richtige, weil effektive Sitz des Reiters in allen Reitweisen gleich, so gibt es in der Hilfengebung verschiedene Systeme, die sich in Teilbereichen etwas unterscheiden können. Jedes brauchbare System muss deutlich genug sein, sodass das Pferd nicht raten muss, was sein Reiter nun schon wieder will. Das heißt, jede Kategorie von Übungen und jede Gangart bekommen eigene Hilfenkombinationen, da das Pferd andernfalls nicht zweifelsfrei unterscheiden kann, was gerade gefragt ist. Diese Kombinationen brauchen sich allerdings nur geringfügig zu unterscheiden, denn gut ausgebildete Pferde reagieren schon auf leichte Veränderungen sehr sensibel. Sie haben als Reiter viele Möglichkeiten, auf das Pferd einzuwirken bzw. ihm Signale zu geben:

1. über die Gewichtsverlagerung,
2. über Schenkeldruck an verschiedenen Punkten,
3. über die Zügel,
4. über Ihre Stimme.

> **! Hilfenkategorien**
>
> Natürlich und angelernt.
> Innen und außen.
> Treibend und verwahrend.
> Aktiv und passiv.

Natürliche und angelernte Hilfen

Die Hilfen können wir zudem in verschiedene *Kategorien* einteilen. Wir unterscheiden z.B. zwischen *natürlichen und angelernten* Hilfen. Erstere »versteht« Ihr Pferd, ohne dass Sie sie ihm explizit beibringen müssen. Alle *einfachen (unkombinierten) Gewichtshilfen* gehören dazu, weil es darauf instinktiv reagiert, um seine eigene Balance zu wahren. Der *seitwärts wirkende Zügel* (der innere, stellende, direkte Zügel) gehört bedingt dazu, denn ihm folgt das Pferd normalerweise in eine Wendung, um einem Druck im Maul zu entgehen. Auch auf *einfache kombinierte Signale* wie z.B. ein seitliches Abwenden mit innerem, direktem Zügel plus Gewichtsverlagerung nach innen

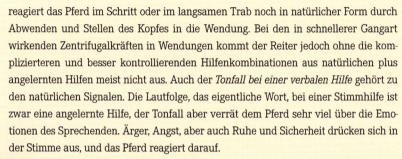

reagiert das Pferd im Schritt oder im langsamen Trab noch in natürlicher Form durch Abwenden und Stellen des Kopfes in die Wendung. Bei den in schnellerer Gangart wirkenden Zentrifugalkräften in Wendungen kommt der Reiter jedoch ohne die komplizierteren und besser kontrollierenden Hilfenkombinationen aus natürlichen plus angelernten Hilfen meist nicht aus. Auch der *Tonfall bei einer verbalen Hilfe* gehört zu den natürlichen Signalen. Die Lautfolge, das eigentliche Wort, bei einer Stimmhilfe ist zwar eine angelernte Hilfe, der Tonfall aber verrät dem Pferd sehr viel über die Emotionen des Sprechenden. Ärger, Angst, aber auch Ruhe und Sicherheit drücken sich in der Stimme aus, und das Pferd reagiert darauf.

Innere und äußere Seite des Pferdes: Das Pferd ist in dieser Hinterhandwendung nach rechts gestellt und gebogen. Rechts ist also innen.

Alle *körpersprachlichen Signale*, die Sie in der Bodenarbeit verwenden, gehören zu den natürlichen Hilfen. Nur in Verbindung mit diesen »natürlichen Signalen« gelingt es Ihnen in der Bodenarbeit, dem Pferd die Bedeutung verschiedener Worte (Kommandos) beizubringen.

Die Reaktion auf *angelernte Hilfen* müssen Sie dem Pferd beibringen. Aus diesem Grund können bei den angelernten Signalen auch geringe Unterschiede zwischen verschiedenen Ausbildungsmethoden entstehen.

Angelernte Hilfen sind vor allem der *Schenkeldruck*, den das junge Pferd noch nicht kennt. Beim Schenkeldruck etablieren Sie verschiedene Druckpunkte am Bauch des Pferdes, sodass das Pferd mit der Zeit aufgrund der Lage des Schenkels und der Intensität des Drucks zwischen seitwärts treibendem, vorwärts treibendem und verwahrendem Schenkel sowie auch zwischen innerem und äußerem Schenkel unterscheiden lernt (siehe Abschnitt: Innen und außen, Seite 49).

Angelernte Hilfen sind zudem alle *verbalen Hilfen mit Wortkommandos* wie »Ho«, »langsam«, »Trab« o.ä. Die falsche Stimmlage kann jedoch manchmal ein Wortkommando ad absurdum führen, wenn Sie z.B. hektisch das Kommando »langsam« schreien, statt es mit tiefer, beruhigender Stimme zu geben.

Die Reaktion auf den *kontrollierenden äußeren Zügel* bzw. den an den Hals angelegten Druckzügel der Westernreiter ist eine angelernte Hilfe, die sich aus einer frühen Kombination mit dem seitwärts wirkenden inneren Zügel und der Gewichtsverlagerung ergibt. Zudem sind fast alle Hilfenkombinationen antrainiert.

In den Hilfenkombinationen, die für fortgeschrittene Übungen verwendet werden, gibt es mehrere zulässige Varianten. Das ist Abstimmungssache zwischen einem fortgeschrittenen Reiter und einem fortgeschrittenen Pferd. Für in der Ausbildung fortgeschrittene Pferde braucht deswegen ein neuer Reiter erst mal eine Art »Feinbedienungsanleitung«.

Wofür Hilfenkombinationen?

Mit den einfachen, natürlichen Hilfen können Sie das Pferd grob steuern und kontrollieren. Für eine vermehrte Gymnastizierung, die nötig ist, um das Pferd vor körperlichen Schäden zu bewahren reichen die einfachen, groben Hilfen jedoch nicht mehr aus. Damit die Tragkraft der Hinterbeine gleichmäßig entwickelt werden kann (und damit das Pferd gerade gerichtet wird), müssen Sie das Pferd in seiner Längsachse biegen können. Und um es zu biegen, brauchen Sie Ihr komplettes mögliches Hilfenrepertoire aus Gewichts-, Zügel- und Schenkelhilfen, also angelernte und natürliche Hilfen. Biegung und damit kombinierte Hilfen sind die Grundlage für jede Art von Ausbildung.

Innen und außen: Da das Pferd viel in der Längsbiegung geritten werden muss, gibt es immer eine äußere

Innere und äußere Seite des Pferdes: Das Pferd ist in diesem Schulterherein nach links gebogen, die rechte Seite ist gedehnt. Links ist also innen.

Unten links: Auch hier ist links innen.

und eine innere Seite für die Hilfengebung. *Innen ist immer die hohle Seite des Pferdes*; Kopf und Hals des Pferdes sind nach innen gestellt. *Außen ist immer die gedehnte Seite des Pferdes*. In den allermeisten Fällen gilt, dass das Pferd in den Lektionen, in denen es gebogen wird, in Bewegungsrichtung gestellt und gebogen ist und der Reiter seinen Schwerpunkt in Bewegungsrichtung verlagert. Schenkel- und Zügelhilfen unterstützen dabei den Sitz des Reiters. Diese Richtlinie stimmt mit der einfachen Gleichgewichtstheorie überein, nach der das Pferd immer unter Ihr Gewicht läuft, d.h. seinen Schwerpunkt unter den des Reiters bringen will. Und sie stimmt auch mit den meisten gängigen Übungen und Bahnfiguren überein, bei der die Bande, die Reitbahnbegrenzung, außen ist und die Mitte der Bahn innen. Bei einigen gymnastizierenden Vorübungen und vor allem bei Korrekturen wird jedoch manchmal diese Richtlinie durchbrochen: Es kann vorkommen, dass das Pferd gegen seine Bewegungsrichtung und die Gewichtsverlagerung des Reiters gestellt und gebogen werden muss und dass innen und außen der Reitbahn nicht mit innen und außen des Pferdes übereinstimmen. Das klingt nun kompliziert, ist es aber gar nicht, wenn man sich merkt: Innen und außen beziehen sich immer nur auf die Biegung und Stellung des Pferdes

und nicht auf Orientierungspunkte in der Umgebung. Und Innenstellung des Pferdes ist nicht zwingend mit der Gewichtsverlagerung des Reiters nach innen gekoppelt. Was jedoch wichtig ist: *Schenkel- und Zügelhilfen unterscheiden sich nach Ihrem Einsatz innen oder außen.* Der innere Schenkel liegt weiter vorn als der äußere. Prinzipiell kann man sagen, der innere Schenkel kontrolliert eher die Vorhand und der

Rechts:
Der innere,
direkte Zügel
wirkt seitwärts
und stellt
das Pferd in
die Wendung
hinein.

! Hilfenkürzel

Zunächst muss ein umfangreiches Hilfenrepertoire gelehrt und gelernt werden, dann erst können Hilfen wieder miniert und zu Kürzeln zusammengefasst werden.

äußere eher die Hinterhand. Beide Schenkel können treibend und verwahrend wirken (siehe nächster Abschnitt)

Der innere Zügel stellt den Kopf des Pferdes in die Biegung hinein. Er wirkt prinzipiell seitwärts und direkt. Der äußere Zügel ist ein kontrollierender (auch verwahrender) Zügel. Er kontrolliert das Tempo und die Stärke der Innenstellung des Pferdes. Die direkte stellende Wirkung des inneren Zügels kann beim fortgeschrittenen Pferd durch Gewichts- und Schenkelhilfen sowie durch den kontrollierenden äußeren (indirekten) Zügel ersetzt werden. (Beim sensibel gerittenen und gut gymnastizierten Pferd reichen diese aus, um Biegung und Stellung sicherzustellen.)

Unsichtbare Hilfen – Minimierung der Hilfen

So wie der innere Zügel im Verlauf jeder guten Ausbildung immer unwichtiger wird, können mit der Zeit auch alle anderen Hilfen immer schwächer gegeben werden. Viele Hilfen, die beim steifen Pferd oder unkoordinierten Reiter noch grob und überdeutlich sind und oft wiederholt werden müssen, können mit der Zeit auf eine Art »Kürzel« mit Signalcharakter verringert werden. Doch diese Hilfenkürzel sind immer das Ziel der Ausbildung und nicht ihr Anfang. Ein junges Pferd kann nicht einhändig geritten werden, sondern muss erst mal das ganze Hilfenrepertoire lernen, bevor die Hilfen hinsichtlich Intensität und Dauer reduziert werden. Der Reitanfänger muss seinerseits erst lernen, Schenkel, Gewicht und Zügel dosiert, an den richtigen Stellen und zur richtigen Zeit einzusetzen, bevor er alle Hilfen auf einem sensibel reagierenden Pferd reduzieren kann.

Minimierung der Hilfen: Der äußere Zügel kann beim fortgeschrittenen Pferd den inneren ersetzen.

Dosierter Einsatz: treibend und verwahrend – aktiv und passiv

Hilfen können aktiv und passiv eingesetzt werden. Aktive Hilfen sollen eine Reaktion des Pferdes bewirken, passive eine solche verhindern.

Um eine Übung einzuleiten (oder auch dem Pferd beizubringen,) brauchen Sie normalerweise immer beide Arten von Hilfen, wobei die aktiven überwiegen. Um eine Übung fortzuführen, die das Pferd schon kann, können alle Hilfen so lange passiv werden, wie das Pferd in der geforderten Gangart, Stellung und Biegung bleibt.

Bei den Zügelhilfen ist nur der seitwärts wirkende, stellende, direkte, innere Zügel aktiv, der äußere Zügel wirkt immer nur passiv (= kontrollierend). Er hält bei Bedarf gegen. Dazu folgt gleich der wichtigste Merksatz für die Hilfengebung überhaupt: *Ein Zügel darf nie rückwärts wirken.* Gegenhalten oder den stellenden inneren Zügel weit seitwärts heraus führen ist o.k., zurückziehen – mit welcher Hand auch immer – ist streng verboten.

Auch **Schenkelhilfen** können aktiv und passiv wirken. Sowohl innerer als auch äußerer Schenkel können eine Reaktion aktiv treibend hervorrufen und eine Reaktion passiv verwahrend verhindern. Der aktive Schenkel treibt in der »Intervalltechnik« (siehe dort), der passive Schenkel liegt ohne Druck am Pferd, wird jedoch aktiv, um eine unerwünschte Bewegung des Pferdes zu verhindern. In der Regel wirkt z.B. in jeder Biegung der innere Schenkel aktiv vorwärts treibend, während der äußere passiv bleibt und nur bei Bedarf aktiv verhindert, dass die Hinterhand nach außen fällt und sich das Pferd damit der gleichmäßigen Längsbiegung entzieht.

Minimierung der Hilfen: Eine Hand ist für andere Dinge frei.

Der passive Schenkel in »Hab-Acht-Stellung« ergibt sich also aus einer Minimierung aller anderen Hilfen und der vermehrten Gymnastizierung des Pferdes. Sie brauchen den Schenkel schließlich nur noch zur Einleitung einer Übung oder zur Korrektur, nicht mehr für deren Fortführung.

Ihre **Stimme** können Sie beruhigend (d.h. verhaltend) und aufmunternd (aktiv) einsetzen. Abgesehen von den verbalen Kommandos können Sie dem Pferd die Reaktion auf Zungenschnalzen, Summen oder sonst eine stimmliche Äußerung (am besten schon in der Bodenarbeit) beibringen. Normalerweise gilt: Alle tiefen, dunklen, lang gezogenen Lautfolgen wirken beruhigend, alle harten, scharfen, hellen, kurzen Folgen dagegen aufmunternd oder auch strafend.

Ihr **Gewicht** können Sie treibend, verhaltend und lenkend einsetzen.

Und hier wird es im folgenden Abschnitt ein wenig komplizierter. Die einfache Gleichgewichtstheorie besagt: Gewicht nach hinten = mehr Druck im Sattel: Das Pferd wird langsamer oder hält an. Gewicht nach vorn = weniger Druck im Sattel: Das Pferd tritt an oder wird schneller. Gewicht zur Seite: vermehrter Druck auf einer Seite des Sattels: Sie lenken das Pferd zur Seite oder leiten eine Biegung ein.

Hilfen kombinieren und natürliche Hilfen durch angelernte ersetzen

Sie können nun Ihr Pferd auch vorwärts treiben, ohne Gewicht aus dem Sattel zu nehmen, sondern indem Sie im Gegenteil kurzfristig mehr Gewicht in den Sattel bringen.

Aber auf diese Weise haben wir das Pferd doch vorher verlangsamt und angehalten, werden Sie nun einwenden. Richtig – und auch wieder nicht ganz richtig. Wir haben eigentlich nur versucht, durch die Gewichtsverlagerung den Schwerpunkt von Reiter plus Pferd nach hinten zu verlegen und dabei die Hinterbeine des Pferdes mehr oder weniger gut dazu gebracht, unter den Schwerpunkt zu treten. Vermutlich hat die Gewichtsverlagerung allein dazu aber gar nicht ausgereicht, und Sie haben eine

Stimmhilfe und ein verhaltendes Zügelsignal zusätzlich gebraucht.

Das Anreiten bzw. Beschleunigen des Pferdes mit dem nach vorn verlegten Reitergewicht birgt die Gefahr, dass das Pferd unkoordiniert antritt und zu viel Vor-

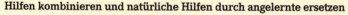

> ## ! Wichtig
> Am Zügel ziehen ist verboten! Ein Zügel darf nie rückwärts wirken, sondern immer nur seitwärts stellend.

Aus der richtigen Versammlung muss das Pferd jederzeit in der Lage sein, mit gut untertretender Hinterhand vorwärts zu gehen.

wärtsschub aus der Hinterhand entwickelt, dass es also zwar willig auf Ihr Signal reagiert, Sie es hinterher aber nicht mehr bremsen können, weil sein Schwerpunkt zu weit vorn ist. Es rennt im schlimmsten Fall seinem Schwerpunkt und damit im wahrsten Sinne des Wortes seinem Gleichgewicht hinterher. Vor allem beim Angaloppieren macht sich dieses Problem bemerkbar (siehe auch Sitz im Galopp). Deswegen ist es sinnvoller, im Zuge der fortschreitenden Ausbildung von der Hilfe des nach vorn verlagerten Reitergewichtes abzukommen und mit senkrechtem Oberkörper oder sogar leicht nach hinten verlegtem Gewicht anzureiten bzw. Tempo und Gangart

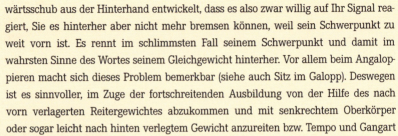

zu verstärken. Dazu brauchen Sie zusätzlich die richtige Kombination aus Zügel- und Schenkelhilfen.

Als angelernte zusätzliche Hilfe haben Sie und das Pferd den vortreibenden Schenkel kennen gelernt, der die Hinterbeine nun vorwärts-, d.h. unter den Schwerpunkt treiben kann. Treiben Sie also das Pferd von hinten, halten Sie mit dem verwahrenden Zügel vorn gegen (nicht zurückziehen) und schieben Sie das Pferd so von hinten nach vorn zusammen. Gehen Sie jetzt leicht mit der Hand (nicht mit dem Oberkörper) vor, so tritt das zusammengeschobene Pferd von hinten nach vorn an. Eine angelernte Hilfe (der Schenkeldruck) hat dabei am Ende die natürliche (Gewichts-)Hilfe ersetzt.

Zusammenschieben – versammeln: In jeder Gangart können Sie nun das Pferd auf diese Weise zusammenschieben: hinten treiben, das Pferd mit dem verhaltenden Zügel »spannen« und dann die Energie dosiert nach vorn loslassen. Dieses Verfahren erklärt auch das Wort »*Spannungsbogen*«, welches im Anatomieteil eingeführt wurde. Und die ganze Prozedur führt zur Versammlung.

Es gibt jedoch noch eine kleine Voraussetzung, die erfüllt sein muss, damit Sie Ihr Pferd von hinten nach vorn zusammenschieben können: Das Pferd darf sich nämlich

nicht gegen die verhaltende Zügelhilfe wehren. Es muss gelernt haben, *den Zügel »anzunehmen«* und auf eine verhaltende Zügeleinwirkung im Genick nachzugeben, sodass ein intakter Spannungsbogen erhalten bleibt. Kommt die Nase des Pferdes zu stark hinter die Senkrechte (hinter den Zügel) oder über die Senkrechte (über den Zügel), so zerbricht der Spannungsbogen, und das Antreten von hinten nach vorne funktioniert nicht mehr.

Druck und Gegendruck – Hilfen in der Intervalltechnik
Um das Pferd dazu zu bringen, den begrenzenden Zügel anzunehmen, dürfen Sie ihm keine Möglichkeit geben, eine Stütze im Zügel zu finden und einen Gegendruck auf Ihre Zügeleinwirkung aufzubauen (sich auf den Zügel zu legen). Aus diesem Grund dürfen Sie nie dauerhaft am Zügel ziehen. Einen Ziehkampf mit dem Pferd können Sie kräftemäßig nur verlieren. *Jede Zügelhilfe wird in der Intervalltechnik gegeben:* annehmen-nachgeben-annehmen-nachgeben und das Ganze noch möglichst einseitig seitwärts wirkend. Dem seitwärts wirkenden Zügel kann sich das Pferd schlecht entziehen, denn damit wird es leicht gebogen, und die Muskeln der äußeren Seite werden gedehnt. Und in der einseitigen Dehnung kann es den Hals nicht hochdrücken, weil es ihm anatomisch nicht möglich ist, einen Muskel gleichzeitig seitlich zu dehnen und dabei nach oben zusammenzuziehen. Die Reaktion auf den äußeren, kontrollierenden Zügel ergibt sich erst aus der Reak-tion auf den seitwärts wirkenden inneren Zügel. Er begrenzt die seitliche Abstellung des Pferdes im Hals, die der stellende innere Zügel verursacht, und kontrolliert so zusammen mit Gewicht und Schenkelhilfen die Stärke einer Biegung und die Bewegungsrichtung des Pferdes. Nur durch diese angelernte Kontrollfunktion in der Biegung wird der äußere Zügel überhaupt zum Kontrollzügel. Stimm- und Gewichtshilfen unterstützen die Zügelhilfen. Später kommt noch der treibende Schenkel hinzu.

Zügelhilfen in der Intervalltechnik – hier überdeutlich. Der rechte innere Zügel stellt das vorher linksgestellte Pferd um. Es wird um den rechten Schenkel herum gebogen. Ausnahmsweise ist hier der äußere Zügel kurzfristig lose.

Fordern Sie mit einfachen Zügelsignalen nie etwas, was das Pferd noch nicht kann. Einem ungymnastizierten Pferd mit wenig entwickelter Hinterhandtragkraft einen Stopp aus dem Galopp abzuverlangen ist schlichter Unsinn und fordert Widersetzlichkeit gegen den begrenzenden Zügel geradezu heraus.

Die Intervalltechnik gilt auch für die Schenkel- und Gewichtshilfen. Schenkeldruck sollte nie einfach nur verstärkt werden. Es gilt wie bei den Zügelhilfen »Steter Tropfen höhlt den Stein«. Ein Reiz, der oft wiederholt wird, setzt die Reizschwelle herab, während eine einfache lang anhaltende Druckverstärkung die Reizschwelle heraufsetzt. Bei hoher Reizschwelle können Sie gar nicht so fest mit dem Schenkel drücken, dass es das Pferd stören würde. Es wird sich gegen den Schenkel wehren, indem es Gegendruck aufbaut. Arbeiten Sie also immer mit der Folge »Druck–Druck wegnehmen«. Gegen *Gewichtshilfen* wehrt sich das Pferd vor allem dann, wenn Sie zu stark und zu lange kommen. Es geht dabei im Wesentlichen um die seitwärts wirkende Gewichtsverlagerung, die das (junge) Pferd aus der Balance bringt und zu einem »Dagegenstemmen« bzw. Ausweichen nach der anderen Seite veranlasst, wenn Sie zu stark nach einer Seite hängen oder sich nicht wieder gerade hinsetzen, nachdem das Pferd reagiert hat. Achten Sie darauf, immer völlig gerade zu sitzen und beide Gesäßknochen gleichmäßig zu belasten, wenn Sie nichts vom Pferd wollen und geradeaus reiten. Ältere, schlecht gerittene Pferde haben oft »gelernt«, sich mit einem dauerhaft schief sitzenden Reiter zu arrangieren, und reagieren aus diesem Grund nicht auf Gewichtsverlagerung, was ihre »Lenkbarkeit« deutlich erschwert.

Kontrolle durch sinnvolle Hilfenkombinationen

Jede Parade, von der einfachsten bis zur schwierigsten, ist immer eine Kombination aus zunächst treibenden Hilfen (= Schenkeldruck) und dann erst verhaltenden (= Zügelhilfen + Gewicht). Mit dieser Reihenfolge verhindern Sie, dass das Pferd seine Vorwärtsenergie aus der Bewegung auf den Vorderbeinen und in der Hand des Reiters

abbremst, statt die tragfähigeren Hinterbeine dazu zu benutzen. Das Reitergewicht wird in diesen Kombinationen, je nach Art und Stärke der Parade, mehr oder weniger blockierend eingesetzt. Es kommt auf jeden Fall nach hinten. Doch werfen Sie nicht einfach den Oberkörper nach hinten. Dabei kommt zu wenig Druck in den Sattel. Fallen Sie dagegen bei senkrechtem Oberkörper etwas in sich zusammen (Becken und Rippen nähern sich dabei einander). Je nachdem, wie stark Sie dabei im Becken abkippen und wie lange Sie in dieser zusammengesunkenen Haltung verharren, verlangsamt das Pferd (halbe Parade) oder hält an (ganze Parade). Der »Sliding Stop« der Westernreitweise zeigt die blockierende Gewichtshilfe in der reinsten Ausprägung.

Rückwärts = vorwärts

Auch rückwärts geht das Pferd nicht etwa, indem Sie mit dem Zügel rückwärts ziehen, sondern indem Sie es vorwärts gegen den verhaltenden Zügel treiben, jedoch dabei nicht nachgeben, sondern die Hand »stehen lassen«. Verlagern Sie jetzt noch Ihren Schwerpunkt deutlich nach hinten und machen sich schwer im Sattel, so tritt das Pferd »unter sich« (durch die vorwärts treibende Schenkelhilfen und die Gewichtsverlagerung nach hinten), kann vorn aber nicht weg, stößt sich deswegen »am Zügel ab« und macht den ersten Tritt rückwärts. Durch Lob und Nachgeben am Zügel zeigen Sie dem Pferd, dass das die gewünschte Reaktion war. Zusätzliche angelernte Hilfen wie z.B. zum Rückwärtsrichten angehobene Hände können später die erste Hilfenkombination teilweise ersetzen und auch hier zu einer Hilfenminimierung führen.

Biegung (hier im Schulterherein) ist die Grundlage für alle Lektionen, für die Versammlung und für pferdeschonendes Reiten.

Biegung als Grundlage

Jede Biegung erfordert im Prinzip die gleiche Hilfenkombination – egal ob es sich um einen einfachen Zirkel oder um eine Galopptraversale handelt. Sie brauchen eine Hilfendiagonale aus innerem treibendem und äußerem verwahrendem Schenkel, dazu den inneren stellenden Zügel und den äußeren kontrollierenden. Ihr Gewicht kommt nach innen, dorthin, wohin das Pferd gebogen werden soll. Ausnahmen sind das Schulterherein sowie die eine oder andere Korrekturübung.

Sie biegen das Pferd mit der oben beschriebenen Hilfengebung in seiner Längsachse gleichmäßig um Ihren inneren Schenkel herum – so ähnlich wie eine Weidenrute um einen Fixpunkt. Wichtig ist dabei die Gleichmäßigkeit der Biegung. Das Pferd darf im Hals nicht stärker gebogen sein als im restlichen Körper. Wie beim Spannungsbogen der Oberlinie ist auch die Längsbiegung nur richtig, wenn sie keinen Knick oder Bruch aufweist. An jedem »Knick« hat das Pferd nämlich die Möglichkeit, sich den Hilfen des Reiters zu entziehen.

Je besser das Pferd auf die Hilfenkombination zur Biegung reagiert, desto passiver werden schließlich alle Hilfen, die normalerweise aktiv die Biegung herbeiführen und erhalten müssen – nämlich stellender innerer Zügel und innerer Schenkel.

Die richtige Minimierung der Hilfen funktioniert immer von vielen und intensiven Hilfen zu reduzierten und weniger intensiven Hilfen und »Kürzeln«. Verzichtet man von vornherein in der Ausbildung des Pferdes auf bestimmte angelernte Hilfen, wie z.B. den differenzierten Schenkeldruck, so ist das Pferd zwar durchaus lenkbar und kontrollierbar, aber nicht sauber zu gymnastizieren. Das rächt sich bei allen komplizierteren Lektionen und führt oft zu einem anatomisch falschen und deswegen schädlichen Reiten auf der Vorhand.

! Biegung

Wenn Sie das Pferd nicht biegen können, können Sie es auch nicht gerade richten und nicht korrigieren.

Was man gegen Angst tun kann

Gewisse Bedenken, die der angehende Reiter im Umgang mit einem »unberechenbaren Kraft- und Energiebündel« wie dem Pferd hat, sind durchaus berechtigt. Durch Erwerb von Wissen und Erfahrung sowie durch praktische Übungen und Training können jedoch das vorhandene Risiko stark eingeschränkt und Ängste abgebaut werden. Folgende Fragen sind für uns als Reiter interessant:

● **Warum haben Mensch und Pferd Angst?**
● **Was löst Angst aus?**
● **Wie bekommt man die Angst in den Griff?**

Warum haben Mensch und Pferd Angst?

Diese Frage ist leicht zu beantworten. Die Antwort lautet in ihrer einfachsten Form: »Die Angst hat sowohl dem Pferd als auch dem Menschen ermöglicht zu überleben.« Ängste sind eine Art Frühwarnsystem für potenzielle Lebensgefahren. Das gilt beim Menschen insbesondere für das primitive Angstsystem, das limbische System. Es ist nicht bewusst kontrollierbar und kann bei einer Bedrohung zwei verschiedene Impulse geben, die unterschiedliche Reaktionsmuster hervorrufen: Das eine Schema ist eine Angst-Flucht-Panik-Reaktion, das andere die Angst-Kampf-Wut-Reaktion. Welches der beiden Muster zum Tragen kommt, ist abhängig von der Situation. Was in diesem Zusammenhang interessant ist, ist jedoch die nahe Verwandschaft von Wut und Panik – es sind nämlich beides starke Angstreaktionen. Das Pferd neigt grundsätzlich zu den gleichen grundlegenden Verhaltensmustern aus dem primitiven Angstsystem.

Was löst Angst aus?

Die Ängste des Menschen – und damit die Angstauslöser – sind enorm vielfältig. Die Angst vor dem eigenen Tod und ihre Spielarten – die Angst vor dem Fallen, vor Ver-

Die Angst vor Kontrollverlust kann durch die Übungen der Bodenarbeit deutlich verringert werden.

letzungen, vor Bewegungsunfähigkeit – sind tief verwurzelt. Als soziales Wesen reagiert der Mensch jedoch auch mit Ängsten auf den Verlust eines nahe stehenden Menschen oder auf den Entzug von Anerkennung durch eine soziale Gruppe. Schaut man sich die Angstpalette des Pferdes an, so sieht man viele Gemeinsamkeiten zu der des Menschen, denn beide sind soziale »Herdenwesen« mit ausgeprägter eigener Indi-

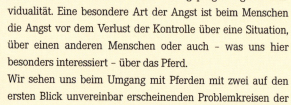

vidualität. Eine besondere Art der Angst ist beim Menschen die Angst vor dem Verlust der Kontrolle über eine Situation, über einen anderen Menschen oder auch – was uns hier besonders interessiert – über das Pferd.

Wir sehen uns beim Umgang mit Pferden mit zwei auf den ersten Blick unvereinbar erscheinenden Problemkreisen der Angst konfrontiert. Der Mensch hat Angst vor dem Verlust der Kontrolle (über das Pferd), und das Pferd hat Angst vor der Einschränkung seiner Beweglichkeit (durch den Menschen). Beide besitzen ein primitives Angstsystem, welches dazu neigt, die Kontrolle an sich zu reißen, wenn es eine Gefahr für Leib und Leben zu erkennen glaubt, und reagieren mit Flucht und Panik oder mit Wut und Kampf.

Der Schlüssel, weswegen eine Zusammenarbeit von Mensch und Pferd trotzdem recht gut funktionieren kann, sind im Prinzip die verbliebenen Ängste des Pferdes, die Ratio des

Ängste durch Vertrauensaufbau reduzieren – dann erübrigen sich Zwangsmittel.

Menschen, die sich diese Ängste zunutze macht und die Möglichkeit der Desensibilisierung auf Angstauslöser durch Gewöhnung.

Wie bekommt man die Angst in den Griff?

Der Mensch hat neben dem limbischen System zusätzlich zwei weitere Schaltsysteme, die sich mit seinen Ängsten – und mit deren Kontrolle – beschäftigen. Er besitzt ein Bewusstsein, welches Entscheidungen trifft, und ein rationales Angstsystem, welches auf die Impulse aus dem primitiven Angstsystem reagiert und diese prüft.

Mit diesen Schaltsystemen sind wir in der Lage, Impulse aus dem limbischen System zu kontrollieren und zu modifizieren. Die Urängste des Menschen, wie die Angst zu fallen und die Angst, die Kontrolle zu verlieren, können über das rationale Angstsystem gesteuert werden, weil es auch individuelle Erfahrungen und erlernte Fähigkeiten des Einzelnen berücksichtigt. Das rationale Angstsystem fragt einfach ausgedrückt: »Kann ich mit meinen Fähigkeiten mit dieser Situation umgehen, ohne dass es mich umbringt, oder nicht?« Mit Hilfe dieses Systems kann auch eine Desensibilisierung durch Gewöhnungsprogramme vorgenommen werden. Im Prinzip ist das System für das Pferd das gleiche: Flucht- oder Kampfimpulse aus dem primitiven Angstsystem werden auf ihre soziale Verträglichkeit und auf ihre Durchführbarkeit hin überprüft und gegebenenfalls verworfen.

Positive Kreisläufe in Gang setzen: Mit den Mechanismen der Bodenarbeit und dem grundsätzlichen Verständnis für die Psychologie des Pferdes haben Sie die

> **! Angst**
>
> Angst wird durch Erwerb von Wissen und Fähigkeiten sowie durch Gewöhnungsprogramme und Vertrauensaufbau zwischen Mensch und Pferd reduziert.

ersten Kontrollinstrumente gewonnen, mit dem Erlernen eines ausbalancierten und damit sicheren Sitzes das nächste. Damit reduzieren Sie Ihre eigene Angst. Und je sicherer Sie selbst werden, desto angstfreier und vertrauensvoller wird auch das Pferd auf Sie reagieren. Der positive Kreislauf von Angstreduzierung und Sicherheit ist in Gang gesetzt.

Angstreduzierung: Wissen, wie man 500 kg Kraft und Schnelligkeit kontrolliert.

Auf einen Blick – die Fähigkeiten des Reiters

1 Wissen erwerben und sehen lernen

- Grundkenntnisse in Anatomie, Psychologie und Bewegungslehre des Pferdes erwerben.
- Bedürfnisse des Pferdes berücksichtigen.
- Verhalten und Reaktionen des Pferdes verstehen.
- Warum eine bestimmte Haltung des Pferdes und des Reiters aus anatomischen Gründen notwendig ist.
- Bodenarbeit für Anfänger: Reaktionen des Pferdes auf eigene Signale vom Boden aus testen. Erste Schritte zu bewussten Bewegungen und deutlichen Signalen.
- Gutes und schlechtes Reiten einschätzen und beurteilen lernen und sich »das Richtige« abschauen, Harmonie und Disharmonie in Bewegungen erkennen.

2 Balance in der Bewegung und Gefühl entwickeln – sitzen lernen

- Bewegungsrhythmus und Takt des Pferdes an der Longe erfühlen.
- Dynamisches Gleichgewicht erreichen, sitzen lernen.
- Die Gleichgewichtstheorie als Grundlage für einfache Hilfen auch theoretisch verstehen.
- Entwicklung von Körpergefühl, Koordination und Bewegungsgefühl für den eigenen Körper (auch ohne Pferd durch: Gymnastik, Balanceübungen, Feldenkrais, Tanzen, usw). Für die Hilfengebung auf dem Pferd brauchen Sie diese Fähigkeit, Ihre eigenen Bewegungen bewusst wahrzunehmen und gemäß den Reaktionen des Pferdes zu modifizieren.

3 Logisch denken – überlegt handeln Kommunikationssysteme

- Verständnis für Zusammenhänge entwickeln. Das Kommunikationssystem (Hilfensystem) verstehen.
- Angelernte und natürliche, treibende und verhaltende Hilfen unterscheiden.
- »Logische« Hilfenkombinationen verstehen, erkennen und verwenden.

62

- Körpersignale gezielt und bewusst einsetzen, ohne dabei die Balance auf dem sich bewegenden Pferderücken zu verlieren.
- Eigene Grenzen erkennen und nichts Unmögliches vom Pferd verlangen.

4 Angst reduzieren und vermeiden

- Ängste verstehen und akzeptieren.
- Angstreduzierung und Sicherheit durch Erwerb von Wissen und Können sowie durch Vertrauensaufbau zwischen Pferd und Reiter.

5 Basislektionen umsetzen und üben

- Das Gefühl für die Intensität und das Zusammenwirken bei Hilfenkombinationen entwickeln.
- Gefühl für die Reaktionen unterschiedlicher Pferde bekommen.

6 Reflektieren und aufschreiben, um das Verständnis zu festigen

Viele Übungen helfen beim Vertrauensaufbau und führen zu besserer Zusammenarbeit mit dem Pferd. Nicht nur das Reiten sondern auch das Hängertraining oder Regenschirme gehören dazu.

Die Deutsche Bibliothek –
CIP-Einheitsaufnahme

Ein Titeldatensatz für diese Publikation ist bei Der Deutschen Bibliothek erhältlich

Bildnachweis
Kerstin Diacont: Seiten 2, 4 rechts, 5, 6, 7, 9, 10, 13 oben, 14, 15 oben, 17, 18, 20, 24 oben, 25, 26, 27, 28, 34, 40, 42, 49 oben, 50, 51, 52, 59, 61, 63
Archiv Diacont: Seite 16
Peter Sowada: Seiten 1, 2, 3, 35, 38, 44, 46, 55
Karin Anders: Seiten 2, 6, 7, 23, 29 oben, 32, 33, 41, 48, 49 unten, 57
Peter Steding: Seiten 24 unten, 60
Ute Merkel: Seiten 29 unten, 30, 31, 62
Maximilian Schreiner: Seiten 13 unten, 15 unten, 21, 36, 39, 43
Julia Rau: Seiten 4 links, 6 oben
Lothar Lenz: Seite 45
P. Uhlenbrock/photec: Seite 54
Umschlagfotos: Titelfotos: rechts oben: Lothar Lenz
                          Mitte oben: Christiane Slawik
                          links oben: Lothar Lenz
                          unten: Ramona Dünisch
              Rückseite: alle Ramona Dünisch

Umschlaggestaltung: Studio Schübel, München
Layout: Parzhuber & Partner, München
Redaktion und Herstellung: Renate Hausdorf
Satz: Kerstin Diacont
Lektorat: Claudia Daiber

BLV Verlagsgesellschaft mbH München Wien Zürich
80797 München

© 2000 BLV Verlagsgesellschaft mbH, München

Gesamtherstellung: Appl, Wemding

Printed in Germany · ISBN 3-405-15884-2